Sabine Reichert

Erneuerbare Energie quer durch die Nordsee?

Akteurs- und Interessenkonstellationen der geplanten Interkonnektoren NorGer und Nord.Link zwischen Deutschland und Norwegen

Mit einem Geleitwort von Dr. Christian Hey

ECOLOGICAL ENERGY POLICY - EEP

Edited by Prof. Dr. Danyel Reiche

ISSN 1864-5860

7 *Paul Mußler*
Standortfaktoren für den Ausbau der Photovoltaik in Bayern
Eine Analyse der politischen Steuerungsinstrumente im Mehrebenensystem
Mit einem Vorwort von Hans-Josef Fell
ISBN 978-3-89821-881-8

8 *Iwona Podrygala*
Erneuerbare Energien im polnischen Stromsektor
Analyse der Entstehung und Ausgestaltung der Instrumente zur Förderung der Stromerzeugung aus erneuerbaren Energien
Mit einem Vorwort von Grzegorz Wiśniewski
ISBN 978-3-89821-837-5

9 *Marie-Christine Gröne*
Erneuerbare Energien in Indien
Möglichkeiten, Grenzen und Zukunftsperspektiven für deutsche Unternehmen
ISBN 978-3-8382-0008-8

10 *Mischa Bechberger*
Erneuerbare Energien in Spanien
Erfolgsbedingungen und Restriktionen
Mit einem Geleitwort von Udo Simonis
ISBN 978-3-89821-952-5

11 *Daniel Vallentin*
Coal-to-Liquids (CtL): Driving Forces and Barriers – Synergies and Conflicts from an Energy and Climate Policy Perspective
Including Country Studies on the United States, China and Germany and a Foreword by Peter Hennicke
ISBN 978-3-89821-998-3

12 *Steffen B. Dagger*
Energiepolitik & Lobbying
Die Novellierung des Erneuerbare-Energien-Gesetzes (EEG) 2009
ISBN 978-3-8382-0057-6

13 *Johannes Venjakob*
Qualitativ-narrative Szenarios für die langfristige Entwicklung des polnischen Energiesektors
Eine energiegeographische Untersuchung
ISBN 978-3-8382-0354-6

14 *Sabine Reichert*
Erneuerbare Energie quer durch die Nordsee?
Akteurs- und Interessenkonstellationen der geplanten Interkonnektoren NorGer und Nord.Link zwischen Deutschland und Norwegen
Mit einem Geleitwort von Christian Hey
ISBN 978-3-8382-0508-3

Sabine Reichert

ERNEUERBARE ENERGIE QUER DURCH DIE NORDSEE?

Akteurs- und Interessenkonstellationen
der geplanten Interkonnektoren NorGer und Nord.Link
zwischen Deutschland und Norwegen

Mit einem Geleitwort von Christian Hey

ibidem-Verlag
Stuttgart

Bibliografische Information der Deutschen Nationalbibliothek
Die Deutsche Nationalbibliothek verzeichnet diese Publikation in der Deutschen Nationalbibliografie; detaillierte bibliografische Daten sind im Internet über http://dnb.d-nb.de abrufbar.

Bibliographic information published by the Deutsche Nationalbibliothek
Die Deutsche Nationalbibliothek lists this publication in the Deutsche Nationalbibliografie; detailed bibliographic data are available in the Internet at http://dnb.d-nb.de.

Coverabbildung: Submarine power cable marker, Lepe. © Dr. Jim Champion 2006. Quelle: http://www.geograph.org.uk/photo/284348. Lizenziert unter CC-BY-SA-2.0 (http://creativecommons.org/licenses/by-sa/2.0/).

∞

Gedruckt auf alterungsbeständigem, säurefreien Papier
Printed on acid-free paper

ISSN: 1864-5860

ISBN-13: 978-3-8382-0508-3

Printed in Germany

Ecological Energy Policy (EEP) – Series Foreword

How can we initiate an ecological transformation process in the energy industry, a development toward increased use of renewable energies, more efficiency where the burning of fossil resources is still necessary, and the faster reduction of the gross energy consumption?
As evident as the necessity for changes of that kind may appear, it has only recently been brought to the attention of a broader international audience: The consequences of global warming, external costs, the finiteness of fossil resources, and the regional conglomeration of fossil sources bear problems for mankind on a scale that seemed utterly unthinkable before.

So the goal of the new series *Ecological Energy Policy (EEP)* is not about the – now widely accepted – necessity for a change, a transformation process, but it aims to discuss how such an alteration can be *implemented* in real-life economy and society.
Crucial for the papers to be published within EEP are the answers to questions such as:

- Which political, economical, technical, and cognitive *restrictions* oppose change, by which factors *(success conditions)* can those restrictions be overcome?
- Which *actors* can support change, which *constellations of actors* are necessary to induce alterations?
- Which *regulating pattern* is in favor of the implementation of a transformation process? How do the different *instruments* have to be formed, what is a reasonable policy mix to achieve the effects intended?

The new series EEP presents an attractive platform for the publication of monographs, anthologies, conference volumes, and studies.

The first volumes of the series are studies of outstanding quality which represent research that was conducted under the series' editor's supervision at the

Otto Suhr Institute for political science and in the master course Environmental Management at the Freie Universität Berlin.

May the series EEP contribute to a better understanding of the possibilities and constraints of the implementation of an ecological transformation process within the energy industry.

Prof. Dr. Danyel Reiche

The series' editor, Prof. Dr. Danyel Reiche, is Assistant Professor for Comparative Politics at the American University of Beirut (AUB), Lebanon.

Geleitwort

Die Energiewende ist die Domäne der Ingenieurs- und Wirtschaftswissenschaftler. Diese identifizieren Technologien, berechnen Kosten, entwickeln Zukunftsszenarien und debattieren Marktdesign und Förderinstrumente. Politikwissenschaftlich ist das Thema bisher Neuland. Noch existieren viel zu wenig empirisch fundierte, politikwissenschaftliche Analysen zur Energiewende. Diese aber könnten einen Beitrag zum tieferen Verständnis der anstehenden großen Transformation leisten. Das Handlungsfeld ist alles andere als einfach. Die Prozesse sind erratisch und führen oft zu unerwarteten und paradoxen Ergebnissen. Neue Allianzen und Konflikte entstehen aus der Systementscheidung für die erneuerbaren Energien. Es findet eine gesellschaftliche, wissenschaftliche und ökonomische Mobilisierung sondergleichen statt. Aus der systematischen Aufarbeitung dieser Prozesse, von Erfolgen und Misserfolgen, lassen sich wichtige Lektionen für die Zukunft ziehen. Die vorliegende Studie ist ein wertvoller Beitrag zur politikwissenschaftlichen Aufklärung über die Energiewende.

Sabine Reichert hat sich für ihre Arbeit einen strategisch wichtiges Thema ausgesucht. Wenn es gelingt, die großen kostengünstigen Speicherpotentiale Norwegens mit dem Ausbau der erneuerbaren Energien in Deutschland zu verkoppeln, dann wird eine wertvolle Ressource für die Energiewende gehoben. Versorgungssicherheit und Lastausgleich können so selbst bei sehr hohen Anteilen wetterabhängiger, zum Teil stark schwankender erneuerbaren Energien zu unschlagbar niedrigen Kosten gesichert werden, weist der Sachverständigenrat für Umweltfragen in seinem Sondergutachten zu einer 100% erneuerbaren Stromversorgung nach.

Das Projekt Norwegens, als „grüne Batterie“ Europas ist aber von Insidern der Energiedebatte immer wieder belächelt oder als unrealistisch verworfen worden. Der Weg dorthin ist in der Tat steinig. Nicht jeder Versuch gelingt. Es gibt erhebliche politische Widerstände und zahlreiche regulative und ökonomische Hemmnisse. Und dennoch wird nun mit Nord.Link ein erster Schritt getan.

Es ist das Verdienst der Autorin, die unterschiedlichen Interessen norwegischer und deutscher Akteure detailgenau und kenntnisreich rekonstruiert, die kritischen Phasen der Entscheidungsfindung nachgezeichnet und die Erfolgsbedingungen identifiziert zu haben. Sie hatte dabei Einsicht in regierungsinterne Dokumente und Protokolle, die so zeitnah selten zur Verfügung stehen. Der empirische Teil ihrer Arbeit ist daher besonders erhellend.

Letztlich hat die Bundesregierung die Bedeutung dieses Projektes begriffen und unkonventionelle Mittel mobilisiert, um es zum Erfolg zu führen. Zugleich konnten diejenigen norwegischen Akteure, die zunächst skeptisch waren, gewonnen werden. Diese Erfolgsstory zeigt: Man sollte gute Ideen nicht zu schnell aufgeben, aber auch ihre Handlungsbedingungen realistisch einschätzen.

In diesem Sinne hat Frau Reichert einen ermutigenden Beitrag zur Debatte um die Energiewende geleistet.

Dr. Christian Hey

Generalsekretär des Sachverständigenrates für Umweltfragen

Danksagung

Ich danke allen, die mich bei der Planung und Erstellung der vorliegenden Diplomarbeit unterstützt haben.

Ganz besonders aber bin ich PD Dr. Lutz Mez und Dr. Matthias Adolf vom Forschungszentrum für Umweltpolitik der Freien Universität Berlin für ihren Rat und ihre Hilfe zu Dank verpflichtet. Dasselbe gilt für den Herausgeber dieser Schriftenreihe, Prof. Dr. Danyel Reiche der American University of Beirut und Dr. Christian Hey vom Sachverständigenrat für Umweltfragen.

Weiterhin möchte ich Dr. Dörte Ohlhorst, Matthias Corbach, Eva Maria Miller, Max Reichert, Sabrina Roy, Wiebke Münchberger und Frank Rexhausen persönlich danken, die mir in den verschiedenen Stadien des Entstehungsprozesses dieses Bandes jederzeit und ausdauernd mit wertvollen Hinweisen zur Seite standen. Auch meinen Interviewpartnerinnen und -partnern sowie dem Referat KI III 3 „Wasserkraft, Windenergie und Netzintegration der Erneuerbaren Energien“ des Bundesumweltministeriums gebührt Dank für die zum Teil intensive und engagierte Zusammenarbeit.

Schließlich möchte ich mich bei meinen Eltern dafür bedanken, dass sie mir im Laufe des letzten Jahres trotz äußerst widriger Umstände vor allem mental den Rücken freigehalten haben. Nicht zuletzt danke ich Benjamin Albrecht für seine Ruhe sowie die Freiräume und Ideen, die er mir gibt.

Inhaltsverzeichnis

Geleitwort vii

Danksagung ix

Inhaltsverzeichnis x

Abbildungsverzeichnis xii

Tabellenverzeichnis xii

Abkürzungsverzeichnis xiii

Kurzfassung xvi

Abstract xvii

1 Einleitung 1

1.1 Problemstellung 3

1.2 Stand der Forschung 4

1.3 Fragestellung 5

1.4 Ziel der Forschung 5

1.5 Thesen 6

1.6 Aufbau der Studie 6

2 Theoretische und methodische Vorgehensweise 9

2.1 Analyserahmen 9

2.2 Methodische Vorgehensweise 14

2.2.1 Datenerhebung 15

2.2.2 Untersuchungsdesign 16

3 Hintergrund 19

3.1 Energiepolitik der Bundesrepublik Deutschland 19

3.1.1 Strommarkt 20

3.1.2 Zentrale Akteure 23

3.2 Energiepolitik in Norwegen 28

3.2.1 Strommarkt 29

3.2.2 Zentrale Akteure 31

3.3 Energiepolitik der EU 34

3.3.1 Strommarkt 35

3.3.2 Zentrale Akteure 37

3.4 Die Kabelprojekte NorGer und Nord.Link 37

4 Policy-Analyse **41**
4.1 Seekabelprojekte NorGer und Nord.Link 41
4.1.1 Politikwahrnehmung und Agenda-Gestaltung (2006 – 2008) 41
4.1.2 Politikformulierung (2009 bis Sommer 2011) 42
4.1.3 Politikimplementation (Herbst 2011 bis Sommer 2012) 46
4.2 Advocacy-Koalitionen 48
4.2.1 Koalition in Deutschland 48
4.2.2 Koalitionen in Norwegen 57
4.3 Zugang zu Entscheidungsprozessen 66
4.3.1 Arbeit der H&H Consulting 66
4.3.2 Arbeit der Prognos AG 71
4.3.3 Arbeit von TenneT Deutschland 72
4.3.4 Workshops und Konferenzen 73
4.3.5 Philipp Röslers Besuch in Norwegen 76
4.3.6 Bilaterale Arbeitsgruppe ‚Ausgleichskapazität Strom' 76
4.3.7 Treffen von Angela Merkel und Jens Stoltenberg 77
4.4 Konfliktfähigkeit 78
4.4.1 Die deutsche Seite 78
4.4.2 Die norwegische Seite 81
5 Fazit **87**
5.1 Restriktionen im Subsystem 87
5.1.1 Rechtliche Restriktionen 88
5.1.2 Technische Restriktionen 89
5.1.3 Widerstand von Akteuren 89
5.1.4 Zersplitterung der Zuständigkeiten deutscher Behörden 91
5.2 Beantwortung der Fragestellung und Überprüfung der Thesen 93
5.3 Probleme der Forschung 96
5.4 Aussicht 98
Anhang **99**
Quellenverzeichnisse **101**
I. Primär- und Sekundärquellen 101
II. Rechtsquellen BRD 128
III. Rechtsquellen Europäische Union 129
IV. Interviews 130

Abbildungsverzeichnis

Abbildung 1: Elemente der Konstellationsanalyse 16
Abbildung 2: Stromaustausch von Norwegen mit Nachbarländern 30
Abbildung 3: Handlungsleitende Frames der deutschen Akteure 49
Abbildung 4: Handlungsleitende Frames der norwegischen Akteure 58
Abbildung 5: Konstellation ‚Bau eines Seekabels zwischen Deutschland / Norwegen' 99
Abbildung 6: Konstellation ‚Bau eines deregulierten Seekabels zw. Deutschland / Norwegen' 100

Tabellenverzeichnis

Tabelle 1: Interviewpartner in Deutschland und Norwegen 15
Tabelle 2: Weitere rechtliche Maßgaben für Bau und Betrieb von Seekabeln in der BRD 21
Tabelle 3: Einstellungen und Interessen deutscher Akteure gegenüber Interkonnektoren 56
Tabelle 4: Einstellungen und Interessen norwegischer Akteure gegenüber Interkonnektoren 65

Abkürzungsverzeichnis

AEE	Agentur für Erneuerbare Energien
AEUV	Vertrag über die Arbeitsweise der Europäischen Union
AFC	Advocacy Coalition Framework
AG	Arbeitsgemeinschaft
AL	Abteilungsleiter
AKW	Atomkraftwerk
AWZ	Ausschließliche Wirtschaftszone
BDEW	Bundesverband der Energie- und Wasserwirtschaft
BDI	Bundesverband der deutschen Industrie
BfN	Bundesamt für Naturschutz
BI	Bürgerinitiative
BMFB	Bundesministerium für Bildung und Forschung
BMU	Bundesministerium für Umwelt, Naturschutz und Reaktorsicherheit
BMVBS	Bundesministerium für Verkehr, Bau und Stadtentwicklung
BMWi	Bundesministerium für Wirtschaft und Technologie
BNatSchG	Bundesnaturschutzgesetz
BNetzA	Bundesnetzagentur
BRD	Bundesrepublik Deutschland
BSH	Bundesamt für Seeschifffahrt und Hydrographie
BWE	Bundesverband Windenergie
CCS	Carbon Capture and Storage
CO_2	Kohlenstoffdioxid
dena	Deutsche Energie-Agentur

DG Energy	Directorate-General for Energy
DUH	Deutsche Umwelthilfe
EWR	Europäischer Wirtschaftsraum
EEG	Gesetz für den Vorrang Erneuerbarer Energien; Erneuerbare-Energien-Gesetz
EGL	Elektrizitäts-Gesellschaft Laufenburg AG
EnLAG	Energieleitungsausbaugesetz
EnWG	Energiewirtschaftsgesetz
EU	Europäische Union
EVU	Energieversorgungsunternehmen
FAZ	Frankfurter Allgemeine Zeitung
FNF	Forum for natur og frisluftsliv
GW	Gigawatt
HGÜ	Hochspannungs-Gleichstrom-Übertragungsleitung
H&H	Hochstätter und Husen
IWES	Fraunhofer Institut für Windenergie und Energiesystemtechnik
KfW	Kreditanstalt für Wiederaufbau
KraftNAV	Kraftwerksnetzzugangsverordnung
kV	Kilovolt
KWh	Kilowattstunde
LBEG	Landesamt für Bergbau, Energie und Geologie (Niedersachsen)
LO	Landesorganisasjon i Norge
MdB	Mitglied des Bundestags
MELV	Ministerium für Ernährung, Landwirtschaft, Verbraucherschutz und Landesentwicklung (Niedersachsen)
Mio.	Million
MLUR	Ministerium für Landwirtschaft, Umwelt und ländliche Räume (Schleswig-Holstein)

Mrd.	Milliarde
MW	Megawatt
NABEG	Netzausbaubeschleunigungsgesetz
NGO	Non-Governmental Organization; Nicht-Regierungsorganisation
NIMBY	Not in my Backyard
NVE	Norwegian Water Resources and Energy Directorate
OED	Öl- und Energieministerium Norwegens
OWP	Offshore-Windpark
PSW	Pumpspeicherwerk
PV	Photovoltaik
RL	Referatsleiter
SRU	Sachverständigenrat für Umweltfragen
TWh	Terrawattstunde
UAL	Unterabteilungsleiter
UBA	Umweltbundesamt
UIG	Umweltinformationsgesetz
ÜNB	Übertragungsnetzbetreiber
VDI	Verein Deutscher Ingenieure
VIK	Verband der Industriellen Energie- und Kraftwirtschaft
ZfK	Zeitung für Kommunale Wirtschaft

Kurzfassung

Bisher war Elektrizitätsversorgung im Hinblick auf Kraftwerksparks und Netzinfrastruktur stark auf die Bedürfnisse einzelner Nationalstaaten ausgelegt. Doch gerade diese Systeme befinden sich aufgrund der Liberalisierung der Strommärkte und Verpflichtungen im Klimaschutz in Europa in starkem Wandel. Auch Deutschland und Norwegen müssen daher neue Wege gehen. Dazu sind seit 2006 zwei Interkonnektoren zwischen den beiden Ländern geplant, die die zum Teil volatile Stromproduktion der erneuerbaren Energien abfedern und wirtschaftlich nutzbar machen sollen. Die Umsetzung der beiden Projekte NorGer und Nord.Link kommt allerdings nur schleppend voran, was seitens involvierter Akteure maßgeblich regulatorischen Schwierigkeiten und Problemen bei der Kapitalbeschaffung zugeschrieben wird.

Die vorliegende Studie geht der Frage nach, durch welche Akteurskoalitionen und Hintergrundbedingungen Planung und Bau der Seekabel auf deutscher Seite bisher verzögert wurden. Mit Hilfe des ‚Advocacy Coalition Framework' nach Paul Sabatier wurde die Einordnung der Akteure in Koalitionen anhand ihrer handlungsleitenden Orientierungen und Strategien im politikwissenschaftlich bisher kaum erforschten Feld vorgenommen. Die Untersuchung wurde durch die Annahmen des ‚Multi-Level-Governance-Ansatzes' ergänzt, da er Schwierigkeiten und Chancen, die das Regieren in Mehrebenensystemen mit sich bringt, erfassen kann. Die Analyse stützt sich vor allem auf die qualitative Auswertung prozessgenerierter Daten und teilstandardisierter Leitfadeninterviews mit involvierten Akteuren.

Auf dieser Grundlage werden drei Hypothesen aufgestellt: Die Realisierung der Seekabel NorGer und Nord.Link scheiterte bisher an mangelhaften Absprachen der zuständigen Regulierungsbehörden, fehlender Planungssicherheit aufgrund unterschiedlicher juristischer und ökonomischer Maßgaben im Mehrebenensystem der Europäischen Union sowie unzureichender Kapitalausstattung des Netzbetreibers TenneT.

Die Untersuchung zeigt so allgemeine, institutionell bedingte Probleme der transeuropäischen Netzausbauplanung im Zusammenhang mit der deutschen und europäischen Energiepolitikstrategie auf. Gleichzeitig verweist sie auf Schwierigkeiten im institutionellen Gefüge der deutschen Energiepolitik und bietet Lösungen an.

Abstract

Until recently, power supply was strongly oriented toward the needs of single nation-states in terms of power plant fleets and grid infrastructure. But it is precisely those systems that are currently undergoing sustained change in Europe due to the liberalization of electricity markets and climate change commitments. Among those countries forced to explore new paths are Germany and Norway. To that end, since 2006, two new interconnectors between the two countries are in the planning stages, installations meant to absorb the occasionally volatile production of electricity provided by renewable energies, and to make that energy economically usable. However, the realization of the projects, NorGer and Nord.Link, is making but sluggish progress, a fact that the actors involved ascribe largely to regulatory difficulties and problems with the procurement of funds.

The present study explores the question of what coalitions of actors and what background conditions have hitherto delayed planning and construction of the undersea cables on the German side. With the aid of the "Advocacy Coalition Framework" developed by Paul Sabatier, a classification of actors according to the goals and strategies guiding their respective actions was undertaken in a field which is as of yet relatively unexplored from a political science perspective. The investigation was complemented by leveraging the assumptions of the "Multi-level Government Approach", as it allows a comprehensive assessment of the difficulties as well as the opportunities that governing on multiple levels brings with it.

Based on this evaluation, three hypotheses are then proposed: The realization of the undersea cables has, up until now, failed for lack of coordination among the relevant regulation authorities, for lack of confidence in planning due to a multitude of legal and economic frameworks within the multi-level system of the European Union, and because of insufficient financial endowment on the part of the grid operator, TenneT.

Close examination thus reveals general, institutional problems of trans-European grid extension planning in the context of German and European strategic energy policy. At the same time, it points to difficulties in the institutional structure of German energy policymaking and offers solutions to them.

1 Einleitung

Bisher waren leitungsgebundene Elektrizitätsversorgungssysteme in Hinblick auf den Kraftwerkspark und die Stromnetzinfrastruktur stark durch die Abschottung der einzelnen nationalstaatlichen Märkte gekennzeichnet. Dementsprechend existieren nur wenige Leitungsverbindungen zwischen einzelnen EU-Ländern (vgl. Azau 2010, 32). Gleichzeitig stieg unter anderem aufgrund internationaler Verpflichtungen im Klimaschutz und sich stetig verknappenden fossilen Energieträgern der Druck auf die Regierungen der EU-Staaten, ihre Energieversorgungssysteme auf kohlenstoffarme Erzeugungskapazitäten umzustellen. Auch die schrittweise stattfindende Liberalisierung der Strommärkte und die damit einhergehende Einbindung des deutschen Stromnetzes in das europäische Verbundnetz erfordern politische, ökonomische und technische Anpassungsmaßnahmen seitens der Gesetzgeber beziehungsweise der Netzbetreiber (vgl. Casey 2012).

Die Regierung der Bundesrepublik Deutschland (BRD) strebt einen 60-prozentigen Anteil erneuerbarer Energien im Bruttoendenergieverbrauch bis 2050 an (vgl. BMU & BMWi 2011). Dies soll zu großen Teilen durch den Ausbau von Offshore-Windenergie erfolgen (vgl. Bundesregierung 2002). Durch den wachsenden Anteil von Strom aus Windenergie und Photovoltaik (PV) an der Stromerzeugung fluktuiert diese tages- und jahreszeitlich zunehmend. So entsteht das Risiko, dass in manchen Situationen die Stromproduktion nicht mit den Lastanforderungen der Verbraucher in Einklang gebracht werden kann (vgl. DB Research 2012, 3). Dies liegt vor allem an zwei Aspekten: Bei einer in näherer Zukunft noch relativ großen installierten konventionellen Kraftwerkskapazität mit teilweise unflexiblen Betriebsmöglichkeiten – insbesondere von Atom- und Braunkohlekraftwerken – müssen zum Lastausgleich häufig erneuerbare Erzeugungsanlagen heruntergeregelt werden. Langfristig kann es bei stark abnehmendem konventionellem Kraftwerkspark und gleichzeitigem Ausbau von Windenergie und PV zu einem Über- oder Unterangebot von Strom aufgrund der angesprochenen fluktuierenden Erzeugung kommen (vgl. AEE 2011, 5). Teilweise wird dem mit Instrumenten des Lastmanagements zu begegnen sein[1]. Trotzdem werden der Ausbau von Stromspeicherkapazitäten und Kuppelstellen mit dem europäi-

[1] Bspw. der gezielte Betrieb- bzw. Nicht-Betrieb bestimmter Stromabnehmer in prognostizierten Zeiten mit Stromüberschuss bzw. -knappheit, vgl. DLR et al. 2012, 24; 281.

schen Ausland von erheblicher Bedeutung für die Durchführbarkeit der Energiestrategie sein (vgl. SRU 2011, 162–166). Aufgrund regional sehr unterschiedlich starker Einspeisung von regenerativ erzeugtem Strom sowie dessen Verbrauch ist ferner ein Ausbau der Netzinfrastruktur auf allen Ebenen[2] entscheidend (vgl. BDEW 2010, 7).

Norwegen hingegen deckt seinen Bedarf an elektrischer Energie zu 99 % aus Wasserkraft, obwohl es über ergiebige Erdöl- und Erdgasvorkommen verfügt (vgl. Deutsch-Norwegische Handelskammer & BMWi 2010, 1). Allerdings war es in den letzten Jahren in niederschlagsarmen Monaten auf teure Stromimporte aus dem Ausland angewiesen (vgl. Brammert-Schröder 2011). Um dennoch die hoch gesteckten Klimaschutzziele[3] zu erreichen und Versorgungssicherheit der Bevölkerung zu gewährleisten, plant der staatliche Netzbetreiber Statnett fünf neue Interkonnektoren (vgl. Larsen 13.01.2012).

Zur Optimierung der Netzstabilität könnte mittels Hochspannungs-Gleichstrom-Übertragungsleitungen (HGÜ)[4] in Zeiten von Erzeugungsspitzen beziehungsweise Nachfrageengpässen ein Lastausgleich zwischen Deutschland und Norwegen erfolgen. Dies soll nach Aussage der Investoren zu stabileren Strompreisen auf den betroffenen Markt führen (vgl. u.a. Hochstätter 25.01.2010)[5]. Außerdem wären weniger Abregelungen von erneuerbaren Energieerzeugungsanlagen notwendig[6]. Dadurch würden die norwegischen Wasserkraftwerke weniger Strom produzieren und ihre Reservoirs kämen so als Speicher zum Einsatz (vgl. Brammert-Schröder 2011).

---

[2] Dazu gehören die Hochspannungs- (220/ 380 kV) und die Verteilernetzebene (≥ 50/ 132 kV), vgl. § 3 EnWG; Rechtsquellenverzeichnis BRD.

[3] Norwegen will bis 2050 CO_2-Neutralität erreichen, vgl. Norwegisches Parlament 2008, 2.

[4] Erklärend dazu Lübbert 2009.

[5] Diese Auffassung teilen nicht alle im Politikfeld aktiven Akteure, vgl. Jørgensen 09.09.2011.

[6] Denn bereits heute gehen laut einer Studie von Ecofys (2011) für den Bundesverband Windenergie (BWE) aufgrund von Netzengpässen u.a. bis zu 150 Mio. kWh Windstrom, der überwiegend in den nördlichen Bundesländern erzeugt wird, verloren. Die Tendenz ist weiter steigend. Lösungen für die Problematik liegen auch im Ausbau des Verteilnetzes vor Ort, vgl. Zimmermann 2011; ZfK 2012a.

1.1 Problemstellung

Die praktische Umsetzung des Seekabelbaus zwischen Deutschland und Norwegen geht zögerlich voran, obwohl sich derzeit zwei Projekte, NorGer und Nord.Link[7], mit jeweils 1,4 GW Übertragungsleistung[8] in der Planungsphase befinden (vgl. Prognos AG & Statnett 17.02.2012; Tippelt 31.03.2011). Dabei unterscheiden sich beide Projekte lediglich aufgrund ihrer Trassenführung und der ursprünglich geplanten wirtschaftlichen Betriebsweise voneinander.

NorGer war als privatwirtschaftlich finanziertes, dereguliertes Handelskabel geplant, das einer entsprechenden Genehmigung von Seiten der zuständigen Regulierungsbehörden in Deutschland und Norwegen sowie einer Stellungnahme der EU-Kommission bedurfte. Nachdem die norwegische Seite die Erlöse des Kabels aus dem Engpassmanagement[9] nicht freigestellt hatte, stiegen die privaten Anteilseigner[10] aus dem Projekt aus (vgl. EGL 26.08.2011). Die ablehnende Haltung der norwegischen Regulatoren hing auch mit der in Norwegen herrschenden Doktrin zusammen, dass sich Unternehmen und Infrastruktur im Energiebereich mehrheitlich in öffentlicher Hand befinden müssen. Mittlerweile sind die Anträge auf Deregulation für NorGer zurückgezogen und der norwegischen Netzbetreiber Statnett ist alleiniger Investor der NorGer KS (vgl. Statnett 11.07.2011). Dieser Regelungspflicht unterliegt das Kabel Nord.Link hingegen nicht, da es von Anfang an reguliert betrieben werden sollte (vgl. Bündner 11.04.2011).

Im November 2011 meldete sich TenneT, der Übertragungsnetzbetreiber, der die beiden Seekabel[11] an sein Netz anbinden muss, mit einem ‚Brandbrief' bei deutschen Behörden: Der Bau von Anschlüssen von Offshore-Windparks (OWP) und Interkonnektoren sei *„in der bisherigen Form [...] nicht länger möglich"*, da es finanzielle und logistische Schwierigkeiten gebe (TenneT 07.11.2011). Seitdem berät die Bundesregierung darüber, wie der Konzern dabei unterstützt werden kann, seinen Aufga-

7 NorGer von Morriem in Niedersachsen und Nord.Link von Brunsbüttel/ Büsum in Schleswig-Holstein nach Tonstad, vgl. Niedersächsische Staatskanzlei 11.06.2012; Statnett 2011b.

8 Dies entspricht in etwa der Leistung, die ein konventioneller Kraftwerksblock in das Stromnetz einspeisen kann.

9 Die Durchleitungsrechte von grenzüberschreitenden Kabelverbindungen werden regelmäßig versteigert. Die für den Netzbetreiber entstehenden Erlöse müssen zweckgebunden eingesetzt werden, vgl. BNetzA 2011a, 3f; Abschnitt 3.3.1.

10 Aus Gründen verbesserter Lesbarkeit werden Begriffe, die Akteure benennen, in der gesamten Studie in der männlichen Form bezeichnet. Weibliche Akteure schließt dies gegebenenfalls ein.

11 Wie auch die OWP vor Niedersachen und Schleswig-Holstein, vgl. TenneT 07.11.2011.

ben dennoch nachzukommen (vgl. Stratmann 13.08.2012). Dies sind zwei der Konfliktpunkte, die laut verschiedener im Feld aktiver Akteure aus Wirtschaft, Gesellschaft und Politik relevante Restriktionen darstellen. Sie werden im Rahmen dieser Untersuchung analysiert und durch mögliche weitere ergänzt.

1.2 Stand der Forschung

Das Projekt einer Kabelverbindung zwischen der BRD und Norwegen ist nicht neu (vgl. Econ Pöyry & Thema Consulting Group 2010). Trotzdem existiert kaum politikwissenschaftliche Fachliteratur zu dem Thema: In den einschlägigen internationalen Zeitschriften fand sich kein Artikel, der sich explizit mit den geplanten Kabeln oder ähnlichen Projekten beschäftigt[12]. Auch in der deutschsprachigen Fachliteratur gab es nur wenige Artikel, die zumeist auf ökonomische, juristische oder planerische Fragen abzielten[13]. Keiner jedoch hatte rein politikwissenschaftlichen Charakter (vgl. Linnemann & Moser 2011, Brammert-Schröder 2011, Wiedemann 2010b).

Seit 2001 entstanden auf norwegischer Seite einige Studien zum Thema Interkonnektoren. Dabei stechen die Paper „*Norway and the North Sea Grid*" der ‚Smart Energy for Europe Platform' (SEFEP 2009), „*Renewable Energy Policy Making in the EU – What has been the Role of Norwegian Stakeholders?*" von Ruud & Knudsen (2009) der ‚SINTEF Energy Research' sowie die Studie „*Challenges for the Nordic Power Market – How to handle the Renewable Electricity Surplus*" von Econ Pöyry & Thema Consulting Group (2010) hervor. Sie beschäftigen sich mit den Schlüsselakteuren der norwegischen Energielandschaft und deren Positionen bezüglich eines Netzausbaus in der Nordsee. Die Studie „*Possibilities for electricity exchange between Norway and Germany*" von Lindberg (2012) der norwegischen Klimaschutzorganisation ‚ZERO' widmet sich als einzige den Möglichkeiten und Restriktionen eines Seekabelbaus auf norwegischer und deutscher Seite. Ansonsten fanden sich Daten zumeist in prozessgenerierten Daten wie Zeitungsartikeln, Gesetzes- und Vertragstexten, Verwaltungsakten, Protokollen, Gutachten und Presseerklärungen.

[12] Dazu gehören u.a. ‚Energy Policy', ‚Environmental Science & Policy', ‚Energy & Environment' und ‚Scandinavian Political Studies'.

[13] Dazu gehören u.a. ‚Photon', ‚Energiewirtschaftliche Tagesfragen', ‚Zeitschrift für Energiewirtschaft' (ZfE), die Verbandsblätter des BWE ‚neue energie' und des BDEW ‚Energiewirtschaft'.

1.3 Fragestellung

Die vorliegende Studie wird folgende Forschungsfrage beantworten:

Welche Akteure und / oder Rahmenbedingungen verhinderten bisher den Bau der Seekabel NorGer und Nord.Link zwischen Deutschland und Norwegen?

Dabei werden vor allem die handlungsleitenden Orientierungen und erfolgreichen Strategien der politischen Einflussnahme seitens möglicher Advocacy-Koalitionen in ihrem sozio-politischen Kontext analysiert. Um die zentrale Forschungsfrage beantworten zu können, wird das Vorhaben daher von folgenden Unterfragen geleitet:

- Mit welchen Instrumenten versuchten Akteure oder Koalitionen ihre Interessen im Feld durchzusetzen? Wessen Vorgehensweise führte wie zum Erfolg?
- Hatten sich im Rahmen des politischen Prozesses Interessenkoalitionen herauskristallisiert und welche waren dies gegebenenfalls?
- Durch welche sozio-politischen Rahmenbedingungen wurde der politische Prozess beeinflusst?

1.4 Ziel der Forschung

Zielsetzung des Forschungsvorhabens ist es, die relevanten Akteure, mögliche Koalitionen, gemeinsame ‚Belief Systems' und Instrumente, die sie zur Durchsetzung ihrer Interessen einsetzten, innerhalb des Feldes abzubilden. Dabei dient das Forschungsvorhaben ausdrücklich nicht dazu, die Annahmen, die der ‚Advocacy Coalition Framework' (ACF), macht, empirisch zu testen. Es benutzt vielmehr einzelne seiner Hypothesen, um den komplexen und bisher nicht politikwissenschaftlich erschlossenen Forschungsgegenstand im Hinblick auf seine Restriktionen zu ordnen und darzustellen. So kann die dargelegte Forschungslücke geschlossen werden.

Aufgrund der Komplexität des Falles ist es nicht möglich, beide beteiligten Länder abschließend zu untersuchen, da dazu jedes in seiner Lage im Mehrebenensystem der Europäischen Union – seinen politischen, rechtlichen, geografischen und ökonomischen Rahmenbedingungen – in Gänze dargestellt werden müsste. Daher konzentriert sich das Forschungsvorhaben darauf, die Akteurskoalitionen auf deutscher Seite in ihrer Einbettung im Mehrebenensystem und ihrem sozio-politischen Umfeld in der

BRD mit Hilfe des ‚ACF' nach Sabatier und des ‚Multi-Level-Governance-Ansatzes' zu analysieren. Die Untersuchung wird sich auf den Zeitraum von 2006 bis Sommer 2012 beschränken, da in diesen Jahren die konkrete Planung für die Vorhaben NorGer und Nord.Link fällt. Wie in erwähnt, liegt bereits Literatur zu den Interessenskonstellationen auf norwegischer Seite vor. Diese wird gleichfalls ausgewertet.

1.5 Thesen

Ausgehend von dem vorgetragenen Forschungsstand wurden drei Hypothesen in Bezug auf die Fragestellung formuliert: Die Realisierung der Seekabel NorGer und Nord.Link scheiterte bisher

- an mangelhaften Absprachen der zuständigen Regulierungsbehörden Bundesnetzagentur und dem norwegischen Ministerium für Öl und Energie,
- an mangelnder Planungssicherheit aufgrund unterschiedlicher juristischer und ökonomischer Maßgaben im Mehrebenensystem der EU,
- an mangelhafter Kapitalausstattung des Netzbetreibers TenneT.

1.6 Aufbau der Studie

Das folgende Kapitel beginnt damit, die theoretischen und methodischen Grundlagen in Bezug auf den sozio-politischen Kontext des Forschungsgegenstandes vorzustellen. Dabei werden der ‚ACF' von Sabatier als Analyserahmen beschrieben und die Annahmen des ‚Multi-Level-Governance-Ansatzes' sowie die methodische Vorgehensweise der Fallstudie beschrieben.

Im darauffolgenden dritten Kapitel werden relevante sozio-ökonomische, politische und regulatorische Kontextbedingungen in Deutschland, Norwegen und der EU aufgezeigt. Auch die beiden Kabelprojekte NorGer und Nord.Link werden beschrieben.

Das anschließende Analysekapitel gliedert sich in vier Bereiche, in denen die Entwicklungen im Fall der Seekabelprojekte chronologisch dargestellt werden. Daran anschließend werden Advocacy-Koalitionen, der Zugang zu Entscheidungsprozessen sowie die Konfliktfähigkeit einzelner Akteure analysiert.

Im Fazit werden die Ergebnisse der Analyse abschließend zusammengefasst. Darauf folgend werden die eingangs aufgestellten Thesen überprüft und die Fragestellung beantwortet, indem die entscheidenden Restriktionen in Hinblick auf den Fall erläutert werden. Zum Schluss werden Probleme der Forschung sowie mögliche politische Handlungsalternativen aufgezeigt und eine eigene Bewertung hinsichtlich der geleisteten Untersuchung abgegeben.

2 Theoretische und methodische Vorgehensweise

Zielsetzung des Forschungsvorhabens ist es, die dominanten Akteure, ihre ‚Advocacy-Koalitionen', gemeinsame ‚Belief Systems', Strategien und Mittel innerhalb ihres sozio-politischen Umfeldes abzubilden, um deren Anteil an der langsamen Umsetzung der geplanten HGÜ-Kabelverbindungen darzustellen. Dabei wird eine Kombination aus den klassischen Ansätzen der Policy-Analyse, dem aus den Internationalen Beziehungen stammenden ‚Multi-Level-Governance-Ansatz' und der aus der Geschichtswissenschaft entlehnten ‚Pfadabhängigkeit' verwendet. Diese Vorgehensweise bringt in Bezug auf den zu untersuchenden Fall mehrere Vorteile mit sich: Zum einen hilft der ‚Advocacy Coalition Framework', die Verhaltensmuster und Absichten verschiedener Akteure und die sie beeinflussenden Rahmenbedingungen zu erfassen. Die Einordnung von Handlungsmöglichkeiten und deren Einschränkungen im Mehrebenensystem der Europäischen Union kann mit Hilfe des ‚Multi-Level-Governance-Ansatzes' vollzogen werden. ‚Pfadabhängigkeiten' hingegen können als Rahmenbedingungen gesehen werden, die Akteuren Handlungsalternativen als realisierbar erscheinen lassen und andere unterdrücken. Durch eine Kombination aus verschiedenen Ansätzen kann der Forschungsgegenstand in seiner Komplexität daher präziser erfasst und analysiert werden.

2.1 Analyserahmen

Mit einer Policy-Analyse können spezielle politische Entscheidungen als Fallstudien betrachtet werden, sie versucht aber immer, auch eine Systematisierung des Forschungsgegenstandes in Hinblick auf den größeren politischen Kontext zu erreichen (vgl. Windhoff-Héritier 1987, 8). Das Grundmodell der prozessorientierten Policy-Analyse stellt dabei der so genannte ‚Policy-Zyklus' dar. Er geht davon aus, dass der politische Prozess grob in die aufeinander folgenden Phasen (1) Problemwahrnehmung und -definition, (2) Agenda-Setting, (3) Politikformulierung, (4) Politikimplementation, (5) Evaluation, (6) Politik-Terminierung oder gegebenenfalls Neuformulierung aufteilbar ist (vgl. ebd., 65; Schubert 1991, 69–77). Die Idee und die Aushandlungsprozesse um die Seekabel NorGer und Nord.Link setzen in der ersten Phase des Zyklus an, weil die Problemwahrnehmung auf die Tatsache der fluktuierenden

Einspeisung der derzeit dominanten erneuerbaren Energieträger Wind und PV und der damit einhergehenden potentiellen Instabilität des Stromnetzes zielt[14]. Da nach IWES (2011, 10f.) weder ein idealer Netzausbau noch ein konsequentes Lastmanagement den kompletten Lastausgleich leisten können, muss letztlich versucht werden, die optimale Kombination verschiedener Maßnahmen zu finden (vgl. Manzke 2012, 21). Während des Agenda-Settings bildete sich als eine mögliche Lösung die Verbindung des deutschen mit dem norwegischen Stromversorgungssystems heraus.

Das Phasenmodell kann die Fragestellung der vorliegenden Forschungsarbeit nicht hinreichend beantworten. Es erklärt unter anderem nicht, auf welche Art Akteure in Interaktion treten, welche Ressourcen ihnen zur Durchsetzung ihrer Interessen zur Verfügung stehen und ob und auf welche Weise diese in den politischen Prozess eingebracht wurden[15]. Um dies klären zu können, wird zunächst das Akteursverständnis dieser Studie erläutert. Prittwitz & Wegrich (1994, 14) identifizieren drei Arten von Akteuren: Einzelpersonen, Gruppen und Organisationen. Weiterführend stellen sie fest, dass diese sich deutlich durch den „*Aktivitätsgrad*“ ihres Engagements in einem politischen Prozess unterscheiden (ebd.). Folglich sind Akteure für einen Fall dann relevant, wenn sie sich zu ihm verhalten, auch wenn sich dies durch demonstrative Untätigkeit zeigt.

Gleichzeitig können politische Akteure auf Grund ihrer räumlich-institutionellen Einbettung in einen Prozess gekennzeichnet werden (vgl. ebd., 15). Das untersuchte Fallbeispiel bietet die Besonderheit, dass Verflechtungen der Regierungen Norwegens wie auch Deutschlands mit der europäischen Ebene ebenso wie mit zum Teil multi-national agierenden, nicht-staatlichen Organisationen, Landesregierungen, Ministerien und Bundesämtern handlungsrelevant sein können (vgl. Piattoni 2010, 133–151). Die Diffusion staatlicher Autorität in neue, zum Teil supranationale oder lokale Formen der Politikformulierung wird dabei als ‚Multi-Level-Governance‘[16] bezeichnet (vgl. Marks & Hooghe 2004, 15; 19). Diese Betrachtungsweise ist notwendig,

---

[14] Tatsächlich ist der Fall der Interkonnektoren keine klassische Policy, also eine politische Maßgabe. Es existieren jedoch politikwissenschaftliche Untersuchungen, die den politischen Prozess von Planung und Bau technischer Artefakte mit Hilfe der Policy-Analyse erfolgreich untersucht haben, vgl. u.a. Adolf 2011.

[15] Das Modell ist viel zitiert, aber ebenso häufig kritisiert worden, weil es in seinen Analyseschritten zu kurz greift, vgl. Windhoff-Héritier 1987, 66; Schubert 1991, 77ff.

[16] Governance wird Marks & Hooghe (2004, 15) folgend als „*binding decision making in the public sphere*“ definiert.

weil sich die Reichweite, auf die sich Politik bezieht, stark unterscheidet[17]. Auch wenn das staatliche Monopol für Entscheidungskompetenzen im Zuge dieses Prozesses aufgeweicht wird, gehen Keohane & Nye (2000, 12) davon aus, dass Staatsgrenzen weiterhin Schlüsselpunkte für politische Macht und ökonomische Prosperität des klassischen Nationalstaats bleiben und sie durch nicht-staatliche Akteure lediglich ergänzt werden. Dabei verläuft die Dispersion staatlicher Autorität zum einen vertikal, zwischen den verschiedenen Regierungsebenen, zum anderen horizontal, zwischen Staat und nicht-staatlichen Akteuren (vgl. Bache & Flinders 2004, 4). Die Zuständigkeiten von juristischen Instanzen sind klar voneinander getrennt und recht stabil. Politische Kompetenzen jedoch verschieben sich relativ flexibel zwischen den Ebenen (vgl. Marks & Hooghe 2004, 16)[18]. Der Ansatz wird für diese Studie als Teil des Erklärungsmusters gewählt, da jeder der aufgegriffenen Staaten, Deutschland und Norwegen, auf seine spezifische Art und Weise auf mehreren Ebenen regiert wird.

Auch die Interaktion zwischen beteiligten Akteuren findet auf verschiedenen politischen Ebenen statt. Kooperation und Konflikte unter ihnen können sich anhand der Wechselbeziehungen zwischen einzelnen Beteiligten oder Gruppen *„im Sinne regelmäßiger und dauerhafter Beziehungen"* zeigen (Reiche 2004, 129). Sie treten entweder durch die Institutionalisierung der Interaktion, beispielsweise in regelmäßigen Treffen von involvierten Akteuren respektive der Bildung von Interessenverbänden, oder durch Herausbildung *„gemeinsamer Initiativen"* zu Tage (ebd., 129; 131).

Gekennzeichnet ist die Interaktion auch durch die Konfliktfähigkeit einzelner Akteure (vgl. Sabatier & Weible 2007, 201ff.). Diese findet ihre Ausprägung unter anderem in tatsächlicher legaler Handlungsmacht beispielsweise von Ministerien oder Parlamenten und der Ausstattung von Ressourcen der einzelnen Akteure mit Geld, Zugang zu Entscheidungsprozessen oder Informationen sowie Verfügungsgewalt über potentielle Druckmittel, wie öffentlicher Mobilisierung oder Vetomacht, in einem politischen Prozess (vgl. ebd., 199-204; Mayntz 1997, 212f.). Dabei ist klar, dass Nicht-Regierungsorganisationen (NGO) wie Umweltverbände und Gewerkschaften eher über öffentliche Mobilisierungsmöglichkeiten als über weitreichende finanzielle Ressourcen verfügen. Privatwirtschaftlich agierende Akteure wie Unternehmen oder de-

[17] So ist Klimapolitik ein globales Phänomen, der Ausbau regenerativen Energien hingegen wird regional oder lokal verhandelt, vgl. Marks & Hooghe 2004, 16.

[18] Die Dichotomie, Internationale Beziehungen und Innenpolitik, eignet sich daher nur noch bedingt zur Erklärung politikwissenschaftlich relevanter Phänomene, vgl. Bache & Flinders 2004, 1.

ren Interessensverbände hingegen wenden eher Geld und ihre Vetoposition in einem Feld an (vgl. Mayntz 1997, 212ff.). Diese Ungleichverteilung führt zu verschiedenen Strategien der Akteure, wenn sie versuchen, ihre eigenen Interessen durchzusetzen[19].

Der ‚Advocacy Coalition Framework' erklärt die Entstehung von politischen Entscheidungen mit Hilfe vier grundlegender struktureller Merkmale dieser Prozesse: (1) *„Policy-Subsysteme"*, (2) *„Stabile und instabile Externe Faktoren"*, (3) *„Advocacy-Koalitionen"* und (4) *„Belief Systems"* (Sabatier 1998, 102ff.). Der politische Prozess an sich findet in einer Arena statt, die Sabatier ‚Policy-Subsystem' nennt und die über eine funktionale und eine territoriale Dimension verfügt (vgl. Zafonte & Sabatier 1998, 474)[20]. Im Fall der Seekabel besteht dieses funktional aus den Verhandlungen über den Bau von Kabelverbindungen zwischen Deutschland und Norwegen. Territorial finden sich zwei unterschiedliche Subsysteme in beiden Ländern, die jeweils durch das Gefüge der europäischen Energiepolitik geprägt sind und deren Akteure teilweise über beide Subsysteme hinweg agieren. Die Ressourcen und Restriktionen, die ihre Handlungen leiten, werden zu einem großen Teil durch von außen auf die Subsystem-Akteure wirkenden Bedingungen bestimmt: ‚Relativ stabile Parameter' und ‚Externe (System-) Ereignisse'[21] (vgl. Sabatier & Weible 2007, 193). Veränderungen innerhalb dieser Faktoren können durch ihren Charakter zu handlungserzwingenden Ereignissen werden: Die Handelnden in den Subsystemen sind genötigt, diesen kritischen Variationen ihrer Umwelt reaktiv zu begegnen[22].

Akteure verschiedener Organisationen, die sich in informellen Einheiten, in so genannten ‚Advocacy-Koalitionen', organisieren, treten darin miteinander in einem *„nontrivial degree of coordinated activity over time"* in Interaktion (Sabatier 1988, 139)[23]. Des Weiteren nimmt der ACF an, dass politische Programme ebenso wie ‚Belief Systems' als Sets von Wertpräferenzen und kausalen Annahmen darüber, wie diese zu realisieren sind, konzeptualisiert werden müssen (vgl. Fenger & Klok 2001, 157; Sabatier & Weible 2007, 194ff.). Diese geteilten Annahmen darüber, wie, wann

[19] Gleichzeitig ist für die Durchsetzung von Interessen entscheidend, wie stark die Anerkennung einzelner Akteure von Seiten staatlicher Stellen ausfällt und wie institutionalisiert ihre Zugänge zu politischen Entscheidungsprozessen sind, vgl. Immergut 1997, 336.

[20] Sabatier meint daher: *„Focus on the substantive and geographic scope of the institutions that structure interaction"*, Sabatier & Weible 2007, 193.

[21] Von hier an werden diese nur noch externe Faktoren oder Ereignisse genannt.

[22] Individuen, die in Subsystemen engagiert sind, sehen sich einer andauernden Kontingenz ob ihrer zukünftigen Ressourcen ausgesetzt, vgl. Sabatier & Weible 2007, 193.

[23] Weiterführend dazu, vgl. Matti & Sandström 2011; Zafonte & Sabatier 1998, 479.

und warum eine Policy oder ein daraus abgeleitetes Projekt wie eine Seekabelverbindung umgesetzt werden kann und sollte, halten die Akteure der Koalitionen zusammen. Sie stellen die entscheidende Grundlage für das ,Framing' politischer Problemlösungsalternativen dar.

In Hinblick auf die Einordnung der Akteure in Koalitionen spielt in der Analyse vor allem ihr jeweiliges ,Framing' des Problembereichs eine entscheidende Rolle. Dazu gehören nach Nilsson (2009, 4459) das Agenda-Setting, wie Akteure Probleme verstehen, welchen Aspekten sie den Vorrang geben und wie sie zu diesen Ansichten gekommen sind. Die Frames liefern Erklärungen dafür, warum sich ein Akteur dazu entschlossen hat, ein bestimmtes Politikfeld zu betreten. Gleichzeitig lassen sich Akteursgruppen bilden, die in Advocacy-Koalitionen gemeinsam oder gegeneinander in einem Policy-Subsystem agieren (vgl. ebd.). Eine Meinung, die von einzelnen Akteuren oder ihren Koalitionen vorgetragen wird, erreicht nach Münch (1992, 83) dann Dominanz, wenn die (gemeinsamen) Belief Systems oder Frames in sich konsistent wirken und Interessen entsprechend gebündelt nach außen hin vorgebracht werden.

Zusätzlich können in politischen Prozessen historisch gewachsene ,Pfadabhängigkeiten' herausgearbeitet werden, die bestimmte politische Entscheidungen ermöglicht oder verhindert haben (vgl. Bennett & Elman 2006, 252). Dazu müssen Rahmenbedingungen, die den Fall betreffen, zunächst dargestellt werden. Die Entwicklung des vorliegenden Fallbeispiels ist unter anderem stark durch die Energiedoktrin Norwegens geprägt. Sie besagt, dass Dienstleistungen, Infrastruktur und Gewinne, die mit Energieversorgung zusammenhängen, sich mehrheitlich in öffentlicher Hand befinden müssen (vgl. Abschnitt 3.2). Um diese historisch gewachsenen Pfade durchbrechen zu können, müssen Akteure die Momente abwarten, in denen sich durch Verschiebungen in den externen Faktoren ein politisches Möglichkeitsfenster, ein so genanntes ,Window of Opportunity', öffnet (vgl. Kingdon 1995, 174ff.). Um einen solchen Zeitpunkt abzupassen, ist das ,Timing' der Akteure entscheidend (vgl. Kriesi 2007, 20f.). Dass diese Fenster sich auch nur scheinbar öffnen können, zeigt die im Frühjahr 2011 sicher geglaubte Zulassung des Kabels NorGer durch die EU-Kommission (vgl. Abschnitt 4.1.2).

Eine Untersuchung, die mit Hilfe einer Policy-Analyse ein Problemfeld zu strukturieren versucht, muss folglich die oben genannten Hypothesen aufnehmen und mit Inhalt füllen. Dabei ist es für die Nachvollziehbarkeit der Untersuchung entscheidend, die dominanten Akteure und Hintergrundbedingungen der Konstellation herauszuarbeiten und Motive und Einflussfaktoren sichtbar zu machen.

2.2 Methodische Vorgehensweise

Im Folgenden wird die methodische Vorgehensweise der Studie vorgestellt. Die Analyse wird sich primär auf die Auswertung prozessgenerierter Daten und Interviews mittels qualitativer Inhaltsanalyse stützen (vgl. Behnke et al. 2006, 273f.; Prittwitz & Wegrich 1994, 220f.). Zur Darstellung der Akteurs- und Interessenzusammenhänge wird die Konstellationsanalyse herangezogen (vgl. Schön et al. 2007).

Fallstudien sind nach Stake (2005, 444) sowohl der Prozess der Nachforschung bezüglich eines Problems, als auch das Produkt derselben. Stake erkennt daher sechs Elemente einer Fallstudie, die maßgeblich zu ihrer Erstellung beitragen: (1) die Eigenart des Falls, seinen Ablauf und seine Funktionsweise; (2) sein historischer Hintergrund; (3) seine geografische Lage; (4) sein ökonomischer, politischer und rechtlicher Kontext; (5) vergleichbare Fälle; (6) die Quellen, die zu einem Fall Auskunft geben können (vgl. ebd., 447). Diese Eingrenzungen wurden in der Einleitung beziehungsweise in Kapitel drei vorgenommen. Die vorliegende Studie untersucht den Forschungsgegenstand in Form einer qualitativen Fallstudie. Sie greift verschiedene erklärende Variablen auf, um *„Einflussfaktoren und Wirkzusammenhänge im natürlichen Zusammenhang“* zu erfassen (Prittwitz & Wegrich 1994, 200). Diese Vorgehensweise ermöglicht es, den Fall in seiner Komplexität darzustellen und zu analysieren. Der vorliegende Forschungsgegenstand wird entsprechend der Fragestellung anhand der Variablen

- Akteure und Akteurskoalitionen,
- deren Instrumente und Mittel als Einflussmöglichkeiten sowie
- Rahmenbedingungen

jeweils beider Kabel, NorGer und Nord.Link, in den Kapiteln drei und vier untersucht. Die Variablen geben erklärende Faktoren dafür ab, warum sich welches Projekt hat durchsetzen können.

2.2.1 Datenerhebung

Um die öffentlich verfügbaren Daten wie Studien, Pressemitteilungen, Zeitschriften- und Zeitungsartikel ergänzen zu können, wurde bereits im März 2012 ein Antrag nach Umweltinformationsgesetz (UIG)[24] bei den beiden mit den Seekabelverbindungen betrauten Ministerien BMWi und BMU eingereicht. Dabei wurde die Einsicht in alle ihnen vorliegenden und für den Fall relevanten Schriftstücke beantragt. Darunter fielen auch seitens Dritter angefertigte Dokumente. Dem Antrag wurde im April 2012 vom BMU vorbehaltslos stattgegeben, sodass die verfügbare Datengrundlage deutlich erweitert werden konnte[25]. Das BMWi meldete sich auf die Anfrage nicht zurück. Ebenso verweigerten seine Mitarbeiter einen Interviewtermin zu dem Thema.

Land	Interviewpartner
Deutschland	Leitender Mitarbeiter, BMU[26]
	Frank-Peter Hansen, Vorsitzender der Beschlusskammer IV, BNetzA
	Michael Kuxenko, CDU/ CSU-Fraktion im Deutschen Bundestag, Arbeitsgruppe Wirtschaft und Technologie
	Mitarbeiter TenneT, Externe Kommunikation, TenneT TSO GmbH[27]
Norwegen	Marie Lindberg, Energy Advisor, Umweltschutzorganisation ZERO
	Andrea Stengel, Referentin, Energi Norge, Industrieverband der Stromwirtschaft

Tabelle 1: Interviewpartner in Deutschland und Norwegen

Ergänzend zur Auswertung prozessgenerierter Daten der verschiedenen involvierten Organisationen wurden qualitative Interviews mittels teilstandardisierter Interviewleitfäden geführt (vgl. Kvale 1996, 98–105; Hopf 2000). Dabei wurde entsprechend der Datenlage vorgegangen. Dies erfolgte unter anderem aus Gründen der Qualitätssicherung, um die zuvor erhobenen Daten verifizieren und weitergehende Nachfragen

---

[24] Vgl. Rechtsquellenverzeichnis BRD.

[25] Für eine Policy-Analyse ist es sinnvoll, informell erstellte Daten zu erheben, da Organisationen, deren formale Struktur im Widerspruch oder zumindest Konflikt zu den Anforderungen der institutionellen Umwelt stehen, ihre Struktur von ihren tatsächlichen Aktivitäten entkoppeln können. Diese Annahme gilt es bezogen auf das Fallbeispiel zu beachten, vgl. Meyer & Rowan 1977, 359–362; Walgenbach & Meyer 2008, 81ff. Die aus dem UIG-Antrag stammenden Quellen sind im Quellenverzeichnis durch die Angabe „*Im Archiv der Verfasserin*" kenntlich gemacht.

[26] Die Quelle wird als ‚Mitarbeiter BMU 10.07.2012 mdl.' im Text kenntlich gemacht.

[27] Die Quelle wird als ‚Mitarbeiter TenneT 10.08.2012 mdl.' im Text kenntlich gemacht.

stellen zu können. Alle Interviewpartner wurden nach ihrer allgemeinen Sichtweise auf die Problematik der Seekabel, auf die ihrer Meinung nach stark hemmenden oder treibenden Kräfte im Policy-Prozess und ihre Sicht auf das Framing dieses Prozesses befragt. Aufgrund der geografischen Entfernungen zwischen Interviewerin und Interviewten wurden die meisten Befragungen telefonisch oder schriftlich durchgeführt. Der Auflistung der durchgeführten Interviews in Tabelle 1 ist zu entnehmen, dass sie sich auf Akteure in Deutschland fokussierten, norwegische jedoch nicht ausschlossen.

2.2.2 Untersuchungsdesign

Mittels qualitativer Inhaltsanalyse der Quellen aus dem UIG-Antrag und öffentlicher Unterlagen wird die der Studie zugrunde liegende Fragestellung mit ihren drei Unterfragen beantwortet. Zunächst wurden die vorliegenden Daten grob gesichtet und die relevanten Akteure und Hintergrundbedingungen in Deutschland, Norwegen und der EU identifiziert. Der Fokus liegt dabei auf der deutschen Seite.

In einem nächsten Schritt werden die in Abschnitt 2.2 gebildeten Variablen bezüglich der beiden Seekabelprojekte mit Hilfe der drei in Abschnitt 2.1 für die wirksame politische Einflussnahme als maßgeblich identifizierten Kriterien analysiert:

(1) Akteurskoalitionen: Kam es zu regelmäßiger und / oder institutionalisierter Interaktion zwischen Akteuren, die gemeinsame Frames und / oder Belief Systems teilten?

(2) Zugang zu Entscheidungsprozessen: Inwieweit war es Akteuren möglich, an politischen Prozessen zu partizipieren, die maßgeblich zur Aushandlung der Seekabelprojekte beigetragen haben?

(3) Konfliktfähigkeit: Wie viel politische Handlungsmacht stand einzelnen Akteuren zur Durchsetzung ihrer Interessen zur Verfügung? Schöpften sie die ihnen zur Verfügung stehenden Mittel und Instrumente aus oder drohten sie mit diesen?

Abbildung 1: Elemente der Konstellationsanalyse[28]

[28] Eigene Darstellung nach Schön et al. 2007, 18.

Um die erzielten Schlussfolgerungen hinsichtlich der Fragestellung zu veranschaulichen, werden die Farb- und Formschemata der Konstellationsanalyse nach Schön et al. (2007), wie in Abbildung 1 gezeigt, verwendet. Dabei stellen beispielsweise Stromnetze technische Elemente, Gesetze und Leitbilder Zeichen, im Feld aktive Organisationen Akteure sowie das Natura 2000-Schutzgebiet Wattenmeer eine natürliche Komponente dar. Die geplanten Seekabel NorGer und Nord.Link werden als ‚Hybride Elemente' eingebracht, da sie bisher Ideen, also Zeichen, sind, später aber technische Artefakte werden sollen (vgl. ebd. 18).

3 Hintergrund

Zunächst werden in diesem Kapitel die Hintergründe der Energiepolitik der BRD und die im Feld der Seekabel agierenden Akteure dargestellt. Darauf folgend werden die energiepolitischen Situation Norwegens und die für den Fall relevanten Akteuren dargelegt. Um beide in den übergreifenden Kontext der EU einbetten zu können, wird anschließend erläutert, wie die Länder mit Vorgaben auf der europäischen Ebene und deren Organisationen verknüpft sind. Abschließend werden die beiden Interkonnektoren-Projekte NorGer und Nord.Link mit ihren Besonderheiten vorgestellt.

3.1 Energiepolitik der Bundesrepublik Deutschland

Die Energiepolitik der BRD ist auf den Ausbau von erneuerbaren Energien ausgerichtet (vgl. Abschnitt 3.1.1.1). Der Umstieg hin zu einer Energieversorgung aus überwiegend regenerativen Energiequellen wurde im Jahr 2001 bekräftigt, als sich die rot-grüne Bundesregierung mit der deutschen Atomwirtschaft auf einen vertraglich abgesicherten Ausstieg aus der Atomkraft bis 2020 einigte (vgl. Bundesregierung 14.06.2000).

Der Anteil der Erneuerbaren am Bruttostromverbrauch stieg von 3,1 % im Jahr 1990 auf 20 % in 2011 (vgl. BMWi 2012a, 35)[29]. Dieser Zuwachs übertrifft alle Erwartungen[30]. Klar ist daher, dass Speichermöglichkeiten für elektrische Energie und der Zubau von Interkonnektoren notwendig sind, wenn eine zuverlässige Stromversorgung durch Windenergie und PV trotz deren stündlichen und jahreszeitlichen Variationen gewährleistet werden soll (vgl. DUH 2010, 37f.). Wegen der beschriebenen Umstände sind Seekabelverbindungen nach Norwegen eine Möglichkeit unter vielen[31].

[29] Die anderen Energieträger kamen auf 14 % Erdgas, 19 % Steinkohle, 24 % Braunkohle, 18 % Kernenergie und 5 % Sonstige, vgl. BMWi 2012a, 35.

[30] Allgemein sind die Veränderungen für Stromversorgungssysteme, die wachsende Anteile erneuerbarer Energie mit sich bringen, erheblich. So erwartet das IWES (2011, 7) einen stetig sinkenden und ab dem Jahr 2040 gänzlich fehlenden Grundlastbedarf. Spitzenlaststrom und andere Systemdienstleistungen würden dann mit Hilfe von Kurzzeitspeichern oder Austauschkapazitäten in das europäische Ausland zur Verfügung gestellt werden müssen, vgl. DB Research 2012, 3f.

[31] Es könnte aber zu einem negativen Effekt für Norwegens Klimabilanz kommen, wenn nachts Kohleüberschussstrom importiert und statt Wasserkraft verbraucht würde, vgl. Lindberg 2012, 9.

3.1.1 Strommarkt

An der Börse wird vor allem abnahmepflichtiger EEG-Strom durch die Übertragungsnetzbetreiber gehandelt (vgl. BNetzA 2011b, 8). Die Bundesnetzagentur (BNetzA) stellt weiterhin fest, dass sich die Preisvolatilität auf den Märkten verringert hat[32]. Sie führt dies auf die vermarkteten EEG-Strommengen und die Marktkopplung in Nordwesteuropa zurück (vgl. ebd.)[33]. Tendenziell wird es auf dem deutschen Markt aufgrund dargebotsunabhängiger Einspeisung erneuerbarer Energien immer häufiger zu negativen Strompreisen kommen (vgl. Petersen 2012, 17)[34]. Die NorGer KS wollte dieser Entwicklung Rechnung tragen, indem eine direkte Kopplung der Märkte Deutschlands und Norwegens mittels Implizit-Auktionen[35] über das NorGer-Kabel betrieben werden sollte (vgl. NorGer KS 26.02.2010, 2).

3.1.1.1 Regulation des Strommarktes

Für die vorliegende Studie konzentriert sich die Auswahl der Rechtsvorschriften auf die für den Fall relevanten Normen. Grundlegend für das deutsche Energieversorgungssystem ist das ‚Energiewirtschaftsgesetz' (EnWG), das bereits im Jahr 1935 in erster Fassung in Kraft trat[36]. Es reguliert unter anderem den Wettbewerb unter den Energieanbietern, Zugangsrechte zu Netzen und planungsspezifische Vorgaben (vgl. §§ 1; 7 Abs. a u. b; 21; 43 EnWG). Im Zuge dessen werden durch das EnWG auch die Regeln für die planerischen Auflagen der Netzanbindung etwaiger Seekabel zwischen Deutschland und Nordseeanrainerstaaten gesetzt (vgl. § 43 EnWG).

Als entscheidend für den Ausbau erneuerbarer Energien muss das ‚Gesetz für den Vorrang Erneuerbarer Energien' (EEG) aus dem Jahr 2000 gesehen werden. Das EEG verfolgt das Ziel *„den Anteil erneuerbarer Energien an der Stromversorgung [...] zu erhöhen"* (vgl. § 1 Abs. 2 EEG)[37]. Auch wird in ihm die Höhe der Quoten bis 2050 vorgeschrieben (vgl. ebd.) Auf den deutschen Strommarkt und das Versor-

---

[32] Grundlaststrom wird zu verhältnismäßig konstanten Preisen gehandelt, Spitzenlaststrom verbilligte sich um etwa 7 %, vgl. BNetzA 2011b, 8.

[33] Seit Ende 2010 ist der Elektrizitätsmarkt der BRD mit denen der Staaten Nordwesteuropas auf Großhandelsebene verbunden, vgl. BNetzA 2011b, 3.

[34] Bereits im Jahr 2011 gab es negative Preise an der Strombörse, vgl. Petersen 2012, 17.

[35] Das Stromhandelsgeschäft und die Vergabe grenzüberschreitender Leitungskapazität geschehen parallel, da direkt über eine Strombörse gehandelt wird, vgl. Hansen 18.06.2007, 17f.

[36] Vgl. Rechtsquellenverzeichnis BRD. Alle im Folgenden genannten deutschen Gesetze sind im Rechtsquellenverzeichnis BRD zu finden.

[37] Zur Definition erneuerbarer Energien im Sinne des EEG, vgl. § 3 Abs. 3 EEG.

gungssystem wirkt sich das EEG vor allem durch Abnahmegarantien sowie feste Vergütungssätze für regenerativ erzeugten Strom aus: Die so erlangte Planungssicherheit führte zu einem rasanten Zubau neuer Anlagen (vgl. Reiche 2004, 150). Hinzu kommt die Anschlussverpflichtung für Erzeugungsanlagen, die die Netzbetreiber trifft. Diese besteht auch für Offshore-Windparks (vgl. §§ 5 und 10 EEG)[38].

Name – Abkürzung	Einfluss auf Bau und Betrieb von Seekabeln
Anreizregulierungsverordnung - ARegV	Enthält die staatlich garantierte und gedeckelte Eigenkapitalverzinsung für Stromnetzbetreiber von 9,29 %.
Bundesnaturschutzgesetz - BNatSchG	Enthält Bestimmungen der EU-Richtlinie 92/43/EWG, die gemeinsam mit der Vogelschutzrichtlinie (2009/147/EG) die Grundlage für das Natura 2000-Schutzgebietenetz legt[39].
Energieleitungsausbaugesetz – EnLAG	Legt Trassen fest, die eine verbesserte Anbindung von Erzeugungs- an Verbrauchszentren sicherstellen sollen.
Kraftwerksnetzanschlussverordnung – KraftNAV	Regelt Bedingungen für den Netzanschluss von Erzeugungsanlagen mit einer Nennleistung ab 100 MW an Elektrizitätsversorgungsnetze mit einer Spannung von mindestens 110 kV.
Netzausbaubeschleunigungsgesetz – NABEG	Schafft die Grundlage für einen rechtssicheren Ausbau des Übertragungsnetzes sowie dessen Ertüchtigung.

Tabelle 2: Weitere rechtliche Maßgaben für Bau und Betrieb von Seekabeln in der BRD[40]

Der Ausbau der Windenergienutzung auf See wurde seit dem Jahr 2002 durch die ‚Offshore-Strategie der Bundesregierung' forciert (vgl. Bundesregierung 2002). Langfristig ist die Installation von bis zu 30.000 MW Leistung vor der deutschen Küste geplant. Dies soll bei Erreichung der Wirtschaftlichkeit der Projekte bis 2030 realisiert sein und wird zu weiteren Stromüberschüssen im Norden der BRD führen, die entweder in die Verbrauchszentren im Süden des Landes oder mittels grenzüberschreitenden Leitungen in das europäische Ausland transportiert werden müssten (vgl. ebd., 7)[41]. Weitere relevante rechtliche Maßgaben im Hinblick auf den Bau und Betrieb von Seekabeln in der BRD werden in Tabelle 2 zusammenfassend dargestellt.

[38] Dies scheint i.d. vorliegenden Fall hemmend zu wirken, vgl. BNetzA 2009, 14; Abschnitt 3.1.2.2.

[39] Beides, vgl. Rechtsquellenverzeichnis EU und BfN 2004, 1.

[40] Alle Quellen, s. Rechtsquellenverzeichnis BRD.

[41] Auch im aktuellen Koalitionsvertrag bekennen sich die Regierungsparteien CDU/ CSU und FDP zur Schaffung weiterer Planungssicherheit für die Betreiber von OWP, vgl. CDU et al. 2009, 27.

3.1.1.2 Offizielle Energiekonzepte und Netzausbauplanung

In Deutschland existiert seit 2010 eine offizielle „*Gesamtstrategie*“ für die Energiepolitik bis zum Jahr 2050, das ‚Energiekonzept der Bundesregierung‘ (BMU & BMWi 2011, 3)[42]. Aufgrund der Annahmen der unterstellten Szenarios[43] erkennt das Konzept die Notwendigkeit eines Aus- und Umbaus des nationalen und europäischen Stromnetzes und der Existenz von Stromspeichern an, die auch im Ausland, in Norwegen und den Alpenländern, genutzt werden können (vgl. ebd., 21). Aber auch die Atomenergie wurde zur klimafreundlichen „*Brückentechnologie*“ erklärt und die Laufzeiten deutscher Atomkraftwerke (AKW) erheblich verlängert (vgl. ebd., 15; AtG § 7)[44]. Nach dem Reaktorunfall von Fukushima (Japan)[45] korrigierte die Bundesregierung ihren energiepolitischen Kurs, indem sie im Juni 2011 das ‚Energiepaket‘ verabschiedete. Grundlegende Änderungen stellten dabei verkürzte Laufzeiten der AKW bis zum Jahr 2022 nach § 7 AtG[46], eine Novelle des EEG sowie des Bauplanungsrechts und das Förderprogramm ‚Offshore Windenergie‘ der Kreditanstalt für Wiederaufbau (KfW) dar (vgl. BMWi & BMU 2011, 2ff.; 8). Auch die Einbindung deutscher Stromnetze in den europäischen Zusammenhang blieb weiterhin ein Ziel (vgl. ebd., 5f.).

Es gibt einige Studien, die sich unter anderem mit dem Thema Netzausbauplanung beschäftigen[47]. In den meisten wurde konstatiert, dass sowohl Höchstspannungstrassen zwischen den Erzeugungs- und Verbrauchszentren in Nord-Süd-Richtung gebaut als auch eine europäische Vernetzung realisiert werden müssen. Problematisch er-

[42] Das ‚Energiekonzept‘ wurde 2010 verfasst, im Oktober 2011 neu aufgelegt und durch das ‚Energiepaket‘ ergänzt, vgl. BMU & BMWi 2011; BMWi & BMU 2011, 2ff.; 8. So entstand die scheinbar falsche Datierung der erstgenannten Quelle.

[43] Es basiert auf den Annahmen des Energieszenarios, das von Forschungsinstituten bzw. Consulting-Unternehmen im Jahr 2010 für das BMWi angefertigt wurde, vgl. ewi et al. 2010.

[44] Der Effekt von CO_2-Reduktion mittels Atomkraft wird nicht zwangsläufig als zielführend betrachtet, vgl. u.a. Matthes 2006.

[45] Nach mehreren Kernschmelzen im AKW Fukushima mit umfangreicher Freisetzung radioaktiven Materials im März 2011 setzte die Bundesregierung eine so genannte Ethikkommission ein. Bereits im Mai 2011 veröffentlichte diese ein Abschlussdokument, das zu dem Schluss kommt, dass die Stilllegung der verbleibenden AKW in der BRD binnen zehn Jahren möglich sei, vgl. Ethik-Kommission Sichere Energieversorgung 2011, 4.

[46] Vgl. dazu das Rechtsquellenverzeichnis BRD.

[47] Vgl. dazu u.a. dena 2005, dena 2010, SRU 2011, UBA 2010, Prognos & Ökoinstitut 2009 und Greenpeace & EUtech 2009.

schienen dabei vor allem Hürden im Planungsverfahren[48] und Finanzierungsprobleme (vgl. TenneT 07.11.2011). Im Jahr 2011 schob die Bundesregierung die offizielle Netzausbauplanung an. Im Laufe des Jahres 2012 soll ein ‚Bundesbedarfsplan für den Stromnetzausbau' nach § 12e EnWG vorliegen[49]. Ende Mai 2012 wurde als dessen Vorstufe der ‚Netzentwicklungsplan' der vier Übertragungsnetzbetreiber vorgelegt[50]. Unter anderem sieht dieser die „*Erhöhung der Übertragungskapazität nach Norwegen*" über das Kabel Nord.Link vor (50Hertz et al. 2012, 102). Um die für den Bau von Seekabeln und die Anbindung von OWP benötigten Leitungstrassen zu koordinieren, erstellen das Verkehrsministerium (BMVBS) und das Bundesamt für Schifffahrt und Hydrografie bis Ende 2012 einen Offshore-Netzplan (vgl. BMU 10.05.2012, 6)[51].

3.1.2 Zentrale Akteure

Fragen, die sich mit dem Thema Energie beschäftigen, werden in Deutschland von den Ministerien für Wirtschaft, Umwelt und Verkehr bearbeitet. Im Folgenden werden zunächst die Kompetenzen der in die Policy involvierten Bundesministerien und der ihnen untergeordneten Bundesämter überblicksartig vorgestellt. Danach werden aufgrund der verschiedenen Anlandestellen die relevanten Bundesländer Niedersachsen und Schleswig-Holstein beleuchtet. Im Anschluss daran werden privatwirtschaftliche wie zivilgesellschaftliche Akteure dargestellt, die sich in den Prozess eingebracht haben.

3.1.2.1 Staatliche Akteure

Das Bundesministerium für Wirtschaft und Technologie (BMWi) besitzt, wahrgenommen von der Abteilung III, ‚Energiepolitik', die in insgesamt drei Unterabteilungen mit jeweils fünf Referaten unterteilt ist, eine breitgefächerte Verantwortung für klassische Wirtschaftsthemen wie konventionelle Energieträger oder Versorgungssi-

---

[48] So beansprucht die Errichtung einer Stromtrasse in Deutschland durchschnittlich zehn Jahre. Diese Zeitspanne sollte durch das NABEG deutlich verringert werden, vgl. BMWi 2011; Tabelle 2.

[49] Damit sollte erstmals eine legale Grundlage für den Ausbau von Hochspannungsnetzen geschaffen werden. Sie sollte die u.a. für mehr Akzeptanz bei der betroffenen Bevölkerung sorgen, vgl. 50Hertz et al. 2011, 2; BMU 2010a.

[50] Die Ergebnisse des aktuell vorgelegten Szenariorahmens gingen vor allem aus Konsultationen zwischen den relevanten Interessenvertretern wie Netzbetreibern, staatlichen Akteuren und Verbänden im Rahmen der ‚Plattform Zukunftsfähige Energienetze' des BMWi hervor, vgl. 50Hertz et al. 2011, 3. Zum Entwurf des Netzentwicklungsplans, vgl. 50Hertz et al. 30.05.2012.

[51] Ein erster öffentlicher Entwurf existiert seit Juni 2012, vgl. BSH 20.06.2012.

cherheit, aber auch Stromspeicherung, erneuerbare Energien und Energieeffizienz (vgl. BMWi 2012b)[52]. An die Abteilung angeschlossen ist auch die ‚Netzplattform', die unter anderem den Ausbau des Offshore-Netzes vorantreiben soll. Gleichzeitig überwacht das Referat III B 1 die Bundesnetzagentur (BNetzA), und das Referat III A 5 hält den Kontakt zur Deutschen Energie-Agentur (dena) (vgl. ebd.).

Für die Integration erneuerbarer Energien in das deutsche Stromnetz ist das Bundesministerium für Umwelt, Naturschutz und Reaktorsicherheit (BMU) zuständig. In der Abteilung KI unter Leitung des Abteilungsleiters (AL) Urban Rid existiert die Unterabteilung KI III, ‚Erneuerbare Energien', die sich unter anderem mit den Themen Netzintegration, Rechtsfragen, einzelnen Energieträgern und Forschung an und von regenerativen Energien befasst. Für das vorliegende Fallbeispiel ist das Referat KI III 3, ‚Wasserkraft, Windenergie und Netzintegration der erneuerbaren Energien', unter Referatsleiter (RL) Torsten Bischoff besonders hervorzuheben, da dort auch Fragen, die den Anschlusses von Seekabeln betreffen, geklärt werden (vgl. BMU 2012)[53]. Sowohl das BMU wie auch das BMWi wurden zwischen 2010 und 2012 von der deutschen Botschaft in Oslo über in unregelmäßigen Abständen verfasste Dossiers zu Fragen der deutsch-norwegischen Energiepolitik unterrichtet.

Die BNetzA überwacht und reguliert die Tätigkeit von Netzbetreibern unter anderem im Strombereich. Dazu gehören neben dem Schutz von Konsumentenrechten auch die Festlegung von Netzentgelten und die Gewährleistung des diskriminierungsfreien Zugangs von Stromproduzenten zu leitungsgebundener Infrastruktur (vgl. BNetzA 2012)[54]. Ihre Beschlusskammer IV, der Frank-Peter Hansen vorsitzt, hatte 2010 über die Ausnahmegenehmigungen von NorGer zu entscheiden (vgl. BNetzA 31.05.2010).

Das Bundesministerium für Verkehr, Bau und Stadtentwicklung ist für die strategische Infrastrukturplanung und Raumordnung von Verkehrswegen in der BRD zuständig (vgl. Abschnitt 3.1.1.2). Dazu zählen auch Wasserwege, die unter anderem durch das Bundesamt für Schifffahrt und Hydrografie (BSH) kontrolliert werden. Das

---

[52] Das BMWi hatte bis zum Jahr 2002 alle Kompetenzen in Hinblick auf energiebezogene Themen inne und musste seitdem vor allem Zuständigkeiten im Bereich der erneuerbaren Energien an das Umweltministerium abtreten, vgl. Reiche 2004, 91.

[53] Dem BMU unterstellte Behörden wie das Umweltbundesamt (UBA) oder das Bundesamt für Naturschutz (BfN) spielten in der Frage der Verhandlungen über Interkonnektoren in Bereichen der ökologischen und raumplanerischen Bewertung von Eingriffen in die Landschaft beziehungsweise Küstenflächen eine eher untergeordnete Rolle, vgl. vgl. Abschnitt 4.1.

[54] An der Behörde wurde viel Kritik geübt, vgl. u.a. Zimmermann 2011, 56.

BSH ist für die Genehmigung von Offshore-Anlagen wie Windräder oder Seekabel zuständig, die in der deutschen Ausschließlichen Wirtschaftszone (AWZ)[55] errichtet werden sollen (vgl. BSH 2012). Die Zuständigkeit der Behörde bezieht sich dabei auf die Genehmigungen im Bezug auf den Wasserkörper und den Luftraum darüber (vgl. Statnett 2011a, 1; 19).

Zusätzlich muss als staatlicher Akteur die Kreditanstalt für Wiederaufbau (KfW) genannt werden. Sie gehört zu 80 % dem Bund und zu 20 % den Bundesländern (vgl. KfW 2012, 2). Vornehmlich fördert sie kleine und mittelständische Unternehmen, Länder und Kommunen (vgl. ebd., 3). Auch ist sie in die Finanzierung der erneuerbaren Energien eingebunden (vgl. Abschnitt 3.1.1.2).

Auf Länderebene spielen neben den Landesregierungen von Niedersachsen und Schleswig-Holstein auch ihnen untergeordnete Behörden für das Fallbeispiel eine Rolle[56]. So führte das niedersächsische Ministerium für Ernährung, Landwirtschaft, Verbraucherschutz und Landesentwicklung (MELV) das Planfeststellungsverfahren für NorGer durch (vgl. MELV 29.03.2011). Das ebenfalls in Niedersachsen ansässige Landesamt für Bergbau, Energie und Geologie (LBEG) ist für die Genehmigung beider Kabel hinsichtlich des Bodens zuständig (vgl. LBEG 2011).

3.1.2.2 Energieversorgungsunternehmen und Übertragungsnetzbetreiber

In der BRD teilen sich über 900 Energieversorgungsunternehmen (EVU) den Markt untereinander auf (vgl. Schiffer 2008, 207). Vier von ihnen, E.ON, RWE, EnBW und Vattenfall Europe, sind mit Abstand die größten und einzig überregional agierenden Verbundunternehmen. Sie waren die 2008 für etwa 86 % der gesamten Stromproduktion verantwortlich (vgl. ebd., 207ff.). Sie dominieren nicht nur die Grundlastversorgung der BRD mittels konventionell betriebener Kraftwerke, sondern kontrollierten bis zum Jahr 2011 gleichzeitig die Höchstspannungsnetze im Land (vgl. ebd.). Aufgrund der EU-Richtlinie 2003/54/EG[57] waren die Übertragungsnetzbetreiber (ÜNB)

---

[55] Die AWZ ist der Bereich, der ab der 12-Seemeilen-Zone bis seewärts maximal zur 200-Seemeilen-Grenze verläuft, vgl. BSH 2009.

[56] Die Meinungen niedersächsischer und schleswig-holsteinischer Parteien werden in dieser Arbeit nicht einzeln betrachtet, da sie sich geschlossen für die in Bezug auf die Offshore-Windkraft notwendigen Netzausbaumaßnahmen aussprechen, vgl. Abschnitt 4.2.1.

[57] Vgl. Rechtsquellenverzeichnis EU.

dazu verpflichtet, sich von ihren Netzen zu trennen[58]. Dieses so genannte ‚Ownership Unbundling' dauerte bis 2011 an. Danach hatten die Konzerne E.ON, Vattenfall Europe und RWE ihre Übertragungsnetze nicht nur in Tochtergesellschaften abgespalten, sondern gänzlich an ausländische Staatsunternehmen beziehungsweise Investorengruppen verkauft (vgl. RWE 06.09.2011; Vattenfall et al. 12.03.2010; Tagesschau.de 10.11.2009). Unabhängig von den Besitzstrukturen stehen alle ÜNB vor der Herausforderung des Aus- und Umbaus ihrer Netzinfrastruktur, um sie an die neuen Erfordernisse dezentralisierter Energieerzeugung anzupassen (vgl. BNetzA 2011b, 8; Abschnitt 3.1.1.2).

Für die vorliegende Untersuchung ist vor allem der Netzbetreiber TenneT TSO GmbH interessant, der einen Großteil der Übertragungsleitungen für die OWP vor der deutschen Küste sowie die Anbindungen für etwaige Seekabelverbindungen bauen muss (vgl. Zimmermann 2012, 45). Das niederländische Unternehmen TenneT kaufte im November 2009 den deutschen ÜNB Transpower, der bis dahin zu E.ON gehört hatte. TenneT Deutschland ist dabei eine ausgegliederte GmbH des sich in niederländischem Staatsbesitz befindenden ÜNB (vgl. Tagesschau.de 10.11.2009).

3.1.2.3 Weitere nicht-staatliche Akteure

Im deutschen Bundestag sind fünf Parteien[59] vertreten. Zwei, die konservative CDU/ CSU und die wirtschaftsliberale FDP, stellen zurzeit die Regierungskoalition. Die durch sie besetzten Politikfelder sind traditionell vornehmlich Industrie- und Wirtschaftspolitik (vgl. u.a. CDU et al. 2009). Der CDU-Abgeordnete Joachim Pfeiffer[60], der wirtschaftspolitischer Sprecher der CDU/ CSU-Fraktion ist, engagierte sich dabei besonders für die Seekabel. Die Opposition stellen die sozialdemokratische SPD, die ökologisch-bewegte Partei Bündnis 90/ Die Grünen und die Linkspartei.

---

[58] Sie sieht die Entflechtung integrierter EVU vor. Das heißt, dass Erzeugung und Vertrieb von Elektrizität bei Unternehmen mit mehr als 100.000 Kunden in voneinander separierten Rechtspersönlichkeiten mit eigenen Managementstrukturen erfolgen, vgl. Oehler 2010, 399; Rechtsquellenverzeichnis EU.

[59] Parteien werden innerhalb dieser Arbeit als nicht-staatliche Akteure definiert, da sie nicht im klassischen Sinne der Exekutive, Judikative oder Legislative zugeordnet werden können. Diese Einordnung ist umstritten, da Parteien zumindest teilweise staatlich finanziert werden und das Personal der drei Gewalten stellen, vgl. u.a. Rudzio 2006.

[60] Pfeiffer ist seit 2002 Mitglied des deutschen Bundestags (MdB) für die CDU und seit Ende 2009 wirtschaftspolitischer Sprecher der Fraktion, vgl. Deutscher Bundestag 2012a. 2010 war er für AKW-Laufzeiten von 60 Jahren eingetreten, vgl. Bergius 08.02.2010. Auch nach dem GAU in Fukushima rückte er von dieser Position nicht ab, vgl. Deutscher Bundestag 24.03.2011.

Zwar ist die Energiepolitik der BRD seit den späten 1970er Jahren von einer starken ökologischen Bewegung aus Bürgern, Verbänden, Forschungsinstituten und Parteien geprägt, doch existieren mächtige Interessensverbände der deutschen Industrie (vgl. Rudzio 2006, 484f.). Hervorzuheben sind dabei der Bund deutscher Industrie (BDI) und der Bundesverband der Energie- und Wasserwirtschaft (BDEW) (vgl. BDI 2012a; BDEW 2012). Außerdem äußerte sich der Bundesverband Windenergie (BWE)[61] zu Interkonnektoren (vgl. BWE 11.12.2008).

Das Unternehmen Hochstätter und Husen Consulting (H&H Consulting) wurde im Sommer 2009 gegründet und besteht aus den Lobbyisten Matthias Hochstätter und Peter Husen (vgl. Ascher 29.07.2009; H&H Consulting 2012). Im Januar 2010 stellte man sich das erste Mal in Bezug auf NorGer bei öffentlichen Stellen vor (vgl. NorGer KS 26.02.2010). Als persönlicher Ansprechpartner für Vertreter von öffentlichen Stellen trat ausschließlich Matthias Hochstätter auf, der sich als Kommunikationswissenschaftler und Journalist, als Korrespondent und später Pressesprecher des BWE mit den Themen Energie- und Umweltpolitik befasste (vgl. H&H Consulting 2012).

Die Prognos AG ist eine ursprünglich in der Schweiz gegründete Unternehmensberatung, die nach eigenen Angaben in fast allen politischen Feldern tätig ist (vgl. Prognos 2010, 2; 17). In den Bereichen Energie- und Klimapolitik gehörten bislang sowohl EVU, als auch Umweltschutzorganisationen zu den Kunden der Consultants (vgl. Prognos 2010, 14; Prognos & Ökoinstitut 2009). Derzeit vertritt Prognos das norwegische Unternehmen Statnett mit seinem Nord.Link-Projekt auf deutscher Seite (vgl. Dirks 08.10.2010). Die zuständige Beraterin ist Helma Dirks, die in den Jahren 2010 bis 2012 den Kontakt zu den öffentlichen Stellen aufrechterhielt (vgl. ebd.).

Die dena ist eine teilweise staatliche Agentur, die in ihren Publikationen nicht die offizielle politische Meinung repräsentiert (vgl. Abschnitt 3.1.1.2). Ihre privatwirtschaftlichen Gesellschafter sind die Allianz, die Deutsche Bank und die DZ Bank (vgl. dena 2012). Sie erstellte in den Jahren 2005 und 2010 jeweils eine Netzstudie, die den Ausbaubedarf deutscher Stromnetze bezifferten (vgl. dena 2005; dena 2010).

Einige Umwelt- und Verbraucherschutzverbände[62] haben eigene Studien in Auftrag gegeben, die sich mit dem Umbau der Energieversorgung auf mehrheitlich erneuerba-

[61] Der BWE wurde 1996 gegründet und ist einer der mitgliedsstärksten Verbände für erneuerbare Energien weltweit, vgl. BWE 2012.

[62] Zur Rolle der Umweltschutzverbände in Deutschland, vgl. Jänicke et al. 2003, 37ff.

re Energieträger beschäftigen (vgl. Abschnitt 3.1.1.2). Greenpeace Deutschland unterstützt beispielsweise die Ausbauziele der Offshore-Windenergie und den damit verbundenen Ausbau der Netzinfrastruktur zwischen den Nordsee-Anrainerstaaten (vgl. Greenpeace 2008, 3f.). Auch die Deutsche Umwelthilfe (DUH) fordert eine europaweite Vernetzung, erwähnt die Seekabel nach Norwegen aber nicht explizit (vgl. DUH 2010, 41).

Am Anlandepunkt des NorGer-Kabels existiert die Bürgerinitiative (BI) Moorriem. Sie setzte sich bis Sommer 2011 aktiv mit Unterschriftensammlungen und Präsenz auf den Veranstaltungen des planenden Unternehmens TenneT gegen den Bau einer Konverterstation in ihrem Ort ein (vgl. Clausen 22.12.2010).

Der Sachverständigenrat für Umweltfragen (SRU) wurde im Jahr 1971 gegründet und berät politisch unabhängig die deutsche Bundesregierung in Nachhaltigkeitsfragen (vgl. SRU 2012). Im Januar 2011 veröffentlichte der SRU das Sondergutachten „*Wege zur 100 % erneuerbaren Stromversorgung*“ (kurz: Stromgutachten) (SRU 2011). Eine der darin vorgestellten Möglichkeiten auf dem Weg hin zu einer Vollversorgung aus erneuerbaren Energien bis 2050 ist der Ausbau von Kuppelstellen zwischen der BRD und anderen europäischen Ländern wie Norwegen (vgl. ebd., 118; 134).

Gewerkschaften und Forschungseinrichtungen haben sich in Deutschland nicht in die Debatte um den Bau von Seekabeln nach Norwegen eingebracht.

3.2 Energiepolitik in Norwegen

Norwegen wird als politisch und ökonomisch stabiler Partner angesehen, der sich durch ein hydroelektrisches Stromversorgungssystem hervorhebt. Der norwegische Energiesektor zeichnet sich durch eine unumstrittene, starke staatliche Kontrolle, der so genannten ‚Energiedoktrin‘, aus. Alle Schlüsselakteure der Branche befinden sich mehrheitlich in Staatsbesitz, so die Ölfördergesellschaft Statoil, der Stromnetzbetreiber Statnett und der Kraftwerksbetreiber Statkraft (vgl. Energi Norge 04.03.2010)[63].

[63] „*There is hardly any part of the Norwegian economy that is more politically driven than the power sector. Everything you do, require licenses, permits [....] virtually all investments in the power sector are politically controlled, and virtually all major players in power sector is politically owned*“, Energi Norge 04.03.2010.

Trotz einer fast CO_2-neutralen Stromversorgung fällt die norwegische Klimabilanz pro Kopf auf Grund massiver Öl- und Gasförderung und Emissionen der energieintensiven Industrie ähnlich negativ wie die deutsche aus (vgl. OECD 2010a). Dennoch deckt Norwegen etwa 50 % seines Nettoenergieverbrauches mit Strom ab (vgl. Lindberg 2012, 36). Um die bis zum Jahr 2050 angestrebte Klimaneutralität dennoch zu erreichen, hat Norwegen mit dem Nachbarland Schweden einen Markt für ‚Grüne Zertifikate'[64] geschaffen, der einen massiven Zubau erneuerbarer Erzeugungsanlagen sicherstellen soll (vgl. Norwegisches Parlament 2008, 2)[65].

Auf Grund der Exporte fossiler Energieträger ist Norwegen ökonomisch stark vom europäischen Markt abhängig und daher über ein Abkommen mit dem Europäischen Wirtschaftsraum (EWR) assoziiert (vgl. Eliassen & Sitter 2003; EEA 2011; OECD 2012, 7)[66]. Das bedeutet, dass es die meisten Regeln der EU umsetzen muss, auch wenn dies meist zeitverzögert geschieht (vgl. Economist Intelligence Unit 2012, 5)[67].

3.2.1 Strommarkt

Der Strommarkt Norwegens ist zu 99 % durch Wasserkraft aus Laufwasserkraftwerken und Stauseen geprägt (vgl. Deutsch-Norwegische Handelskammer & BMWi 2010, 1)[68]. Allerdings war Norwegen gerade in den trockenen Sommermonaten und langen Wintern der letzten Jahre auf Stromimporte aus dem Ausland angewiesen (vgl. Brammert-Schröder 2011; Abbildung 2)[69]. Dies führte dazu, dass die Preise auf dem norwegischen Strommarkt saisonal stark schwankten und im Mittel deutlich stiegen (vgl. Deutsche Botschaft Oslo 14.12.2010, 2).

---

[64] Dies ist ein flexibler Mechanismus nach der Richtlinie 2001/77/EG, vgl. Ruud & Knudsen 2011, 28ff.; Abschnitt 3.3.1; Rechtsquellenverzeichnis EU.

[65] Der Zubau wird zu erheblichen Erzeugungsüberschüssen bis 2020 führen, vgl. Stengel 19.07.2012 mdl.

[66] Ein EU-Beitritt wurde in den Jahren 1972 und 1994 per Volksabstimmung wiederholt knapp verworfen, vgl. Groß & Rothholz 2009, 153. Die europapolitische Debatte wird in Norwegen dementsprechend von Skeptikern geprägt, vgl. SEFEP 2012, 27.

[67] Da es kein EU-Mitglied ist, kann es über die Ausgestaltung dieser Regeln nur in begrenztem Maße mitbestimmen, vgl. Groß & Rothholz 2009, 188.

[68] Momentan bestimmen die Niederschläge, wie viel elektrische Energie in Norwegen erzeugt werden kann, vgl. Norway Exports 31.08.2011.

[69] Die saisonale Knappheit entspringt auch daher, dass aufgrund der im Mittel sehr niedrigen Strompreise auf dem skandinavischen Markt die Norweger überwiegend mit Strom heizen, vgl. Reutter 20.09.2010. Ein durchschnittlicher norwegischer Haushalt hat einen Jahresverbrauch von 20 bis 25.000 kWh Strom, vgl. Deutsche Botschaft Oslo 14.12.2010, 2.

Der norwegische Strommarkt wurde formal im Jahr 1991 durch den ‚Norwegian Energy Act' liberalisiert (vgl. Gtai 17.09.2010). Trotzdem dominieren staatliche Betreibergesellschaften den Markt. Bei der Erzeugung entfallen circa 30 % der Kapazitäten auf Statkraft, das Übertragungsnetz gehört zu 88 % Statnett (vgl. ebd.)[70]. Bis 1991 wurde die hydroelektrische Ausrichtung des Marktes recht protektiv entwickelt, um die einheimische Industrie zu schützen. Daher ist es nicht verwunderlich, dass der Export von Strom schon immer ein kontroverses Thema in Norwegen war (vgl. SEFEP 2012, 7f.).

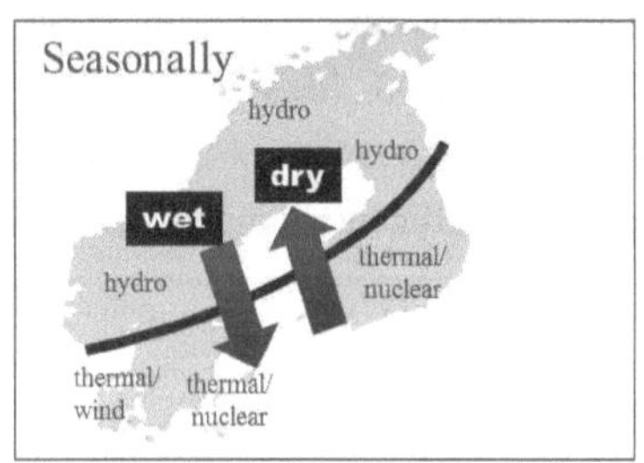

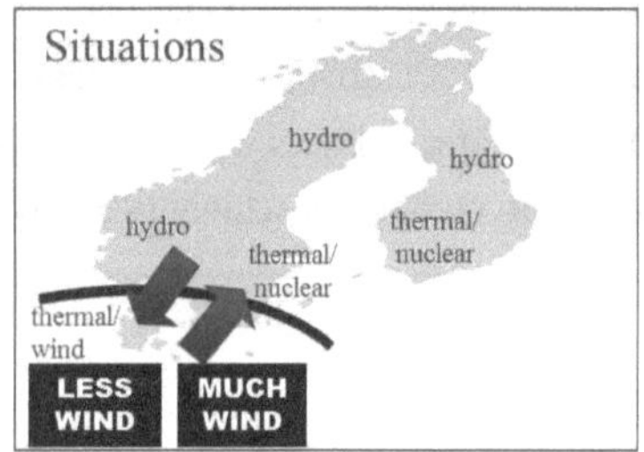

Abbildung 2: Stromaustausch von Norwegen mit Nachbarländern[71]

Zentral in der norwegischen Strommarktregulation ist das ‚Wasserkraft-Regulierungsgesetz'. Es schreibt vor, dass Energieerzeugungskapazitäten in öffentliche Hand gehören (vgl. Lindberg 2012, 39). Ergänzend dazu existierte bis 2007 der so genannte ‚Act of hjemfall'. Er sah vor, dass Konzessionen für Erzeugungsanlagen und Standorte an private Investoren maximal 60 Jahre lang erteilt wurden und danach ohne Kompensation an den Staat zurückfielen. Die Regulation war nicht mit den Regularien des EWR konform, sodass heute nur staatliche Unternehmen Konzessionen für große Wasserkraftprojekte und -standorte ab 2,7 MW Erzeugungskapazität erwerben können. Der Anteil an privaten Anteilseignern darf dabei 30 % nicht übersteigen (vgl. ebd., 38). Diese Regelungen sind Teil der norwegischen Energiedoktrin (vgl. Abschnitt 3.2).

Im Rahmen des skandinavischen Stromhandels auf dem ‚NordPool Spot Markt' dient Norwegen als Sicherung, um dänische Überschusselektrizität aus Windenergie bezie-

[70] Etwa 90 % der Wasserkraftwerke befinden sich gemäß der norwegischen Energiedoktrin in Staats- bzw. Gemeindebesitz, vgl. Lindberg 2012, 39.

[71] Quelle: Hagem 05.07.2010, 7.

hungsweise Investitionen in dem Bereich auszubalancieren (vgl. Nord Pool Spot 2012; Norway Exports 31.08.2011)[72]. Kabelverbindungen ins Ausland reduzieren dabei Fluktuationen im Strompreis Norwegens (vgl. Lindberg 2012, 7)[73]. In Süd-Norwegen existieren Interkonnektoren mit einer Übertragungskapazität von 3700 MW. Der meiste Strom wird mit den direkten Nachbarländern und den Niederlanden ausgetauscht (vgl. Statnett 26.08.2012). Deutschland wird indirekt über Kabel aus Dänemark und Schweden mit norwegischem Strom beliefert (vgl. SEFEP 2012, 10). Bereits heute besteht Netzausbaubedarf vor allem im süd-norwegischen Stromnetz. Durch den Ausbau von Seekabeln soll sich laut Statnett (28.09.2011) dieser Zustand zusätzlich verschärfen.

3.2.2 Zentrale Akteure

Hervorzuheben an der staatlichen Struktur Norwegens ist primär das Ministerium für Öl- und Energie, das in dieser Art in der BRD nicht existiert. Es nimmt eine Schlüsselposition in Energiefragen innerhalb des politischen Prozesses in Norwegen ein, da Kompetenzstreitigkeiten zwischen Ministerien wegfallen (vgl. Abschnitt 3.1.2).

3.2.2.1 Staatliche Akteure

Das ‚Ministerium für Öl- und Energie' (‚Olje- og energidepartementet', OED) wird von Minister Ola Borten Moe, Zentrumspartei (‚Senterpartiet') geleitet (vgl. OED 2012). Während des Untersuchungszeitraumes fand ein Wechsel an der Spitze des Ministeriums statt; Moes Vorgänger, Terje Riis-Johansen, musste im März 2011 seinen Platz an Moe abgeben (vgl. Storting 2012b)[74]. Dem OED ist die Regulierungsbehörde ‚Norges vassdrags- og energidirektorats' (NVE) unterstellt. Sie unterliegt der Kontrolle des Ministeriums, kann aber, ähnlich wie das Umweltbundesamt in

---

[72] Statnett behauptet in diesem Zusammenhang, den Ausbau dänischer Windkraft erst ermöglicht zu haben, vgl. Larsen 13.01.2012, 20f.

[73] Für Norwegen bietet sich die Chance, im Falle leerer Reservoirs preiswerter Strom zuzukaufen. Wenn die norwegischen Reservoirs voll sind und die Laufwasserkraftwerke genügend Strom für den eigenen Markt produzieren, kann ein „*spill of water*" verhindert werden, Skog et al. 2005, 4.

[74] Riis-Johansen musste wegen sinkender Popularitätswerte aufgrund starker zivilgesellschaftlicher Widerstände gegen den Bau einer Hochspannungsleitung und eines verzögerten Kraftwerksprojekt sein Amt aufgeben, vgl. Lindberg 13.09.2012 mdl.

Deutschland, eigenständige Stellungsnahmen zu konkreten Sachverhalten abgeben (vgl. Lindberg 13.09.2012 mdl.)[75].

Wirtschafts- und Umweltministerium haben aufgrund der weitreichenden Befugnisse des OED kaum Mitspracherecht in der Energiepolitik. Lediglich das Wirtschaftsministerium spielte im Fall der Seekabelverbindungen eine vermittelnde Rolle. Für die Vertretung Norwegens in Fragen der Außenhandelspolitik existiert die Initiative ‚Innovation Norway' (vgl. Innovation Norway 2011, 10). In Bezug auf die Seekabelprojekte organisierte sie vor allem Workshops in Deutschland (vgl. Abschnitt 4.3.4).

In Norwegen existieren viele verschiedene Stromproduzenten, die sich aber zumeist mehrheitlich in öffentlicher Hand befinden (vgl. CEDREN 2011b, 32). Das bedeutet, dass ihre Handlungen und Interessen durch Parlament und OED kontrolliert und gesteuert werden (vgl. Lindberg 13.09.2012 mdl.)[76]. Dabei ist Statkraft das größte EVU, dessen Erzeugungskapazitäten etwa 30 % der gesamten installierten Leistung in Norwegen entspricht (vgl. Statkraft 2011, 86; CEDREN 2011b, 32). Doch auch zwei kleinere Unternehmen, ‚Lyse Energi' und ‚Agder Energi', hatten bis Mitte 2011 Anteile an dem Kabelprojekt NorGer (vgl. Agder Energi 23.06.2010). An ‚Agder Energi' halten örtliche Gemeinden etwa 54,5 %, den Rest Statkraft. Agder ist mit 9,5 Mrd. kWh erzeugter Leistung im Jahr der drittgrößte Stromerzeuger Norwegens (vgl. NorGer KS 23.06.2010). Lyse Energi' dagegen befindet sich zu 100 % in der Hand von Kommunen, für die es jährlich etwa 7,2 Mrd. kWh Strom aus Wasserkraft produziert (vgl. ebd.).

Der Netzbetreiber Statnett ist ein norwegisches Staatsunternehmen, das vor allem für die Bewirtschaftung des Hochspannungsnetzes zuständig ist (vgl. Statnett 2012). Bis kurz vor der Marktliberalisierung 1991 gehörte das Staatsunternehmen zur NVE (vgl. Lindberg 13.09.2012 mdl.). Der Netzbetreiber ist mittlerweile alleiniger Anteilseigner beider Seekabelprojekten nach Deutschland (vgl. SEFEP 2012, 13). Um die Klimaschutzziele des Landes erreichen zu können, plant Statnett fünf neue Interkonnektoren, die zusätzlich zu den vier bereits bestehenden hinzukommen sollen (vgl. Tippelt 31.03.2011; Larsen 13.01.2012).

[75] Die Stationen des Zulassungsprozesses für Interkonnektoren in Norwegen sind folgende: Eine energiewirtschaftliche bzw. politische Entscheidung erfolgt durch das OED. Dann werden NVE und die ‚Norwegian Costal Administration' tätig, die die technische und raumplanerische Koordinierung übernehmen. Statnett benennt den Einspeisepunkt, vgl. BMU 2010b, 1.

[76] Dasselbe gilt für Statnett und Statoil, vgl. Lindberg 13.09.2012 mdl.

Die Öl- und Gasindustrie hat seit etwa 1975 eine hegemoniale Rolle in der Finanzpolitik und als Wachstumsfaktor des Landes inne, obwohl sie mit ihren Produkten direkt auf den internationalen Markt geht (vgl. SEFEP 2012, 15f.)[77]. Auch hier dominiert ein staatlicher Betreiber den norwegischen Markt: Statoil (vgl. Statoil 2012).

3.2.2.2 Nicht-staatliche Akteure

Alle Parteien außer der Fortschrittspartei (‚Fremskrittspartiet‘) sind sich einig darüber, dass bestimmte Klimaziele erreicht werden müssen. Auf der einen Seite möchte man erneuerbare Energien ausbauen und den europäischen Markt erschließen. Auf der anderen Seite steht die Forderung nach niedrigen Strompreisen (vgl. Lindberg 2012, 51). Arbeiterpartei (‚Arbeiderpartiet‘) und Sozialistische Linkspartei (‚Sosialistisk venstrepartiet‘), die momentan gemeinsam mit der Zentrumspartei in der Regierungsverantwortung stehen, unterstützen einen eher europafreundlichen Kurs, der einen Schwerpunkt auf Umweltbelange legt (vgl. SEFEP 2012, 24). Dahingegen unterstützt der Koalitionspartner eine eher nationalistisch geprägte Energiepolitik, kann sich aber Eingeständnisse vorstellen, wenn es ökonomisch sinnvoll ist (vgl. Baltzer 27.07.2012). Innerhalb der Zentrumspartei existieren starke Fronten zwischen den Unterstützern der Petroleumindustrie und denen, die nachhaltigere Geschäftsmodelle vorziehen. So kam der alte Öl- und Energieminister eher von der ökologischen Seite, der neue befürwortet die Öl- und Gasexploration (vgl. Abschnitt 3.2.2.1).

Der Energieindustrieverband ‚Energi Norge‘ vertritt etwa 270 Unternehmen, die in Produktion, Vertrieb und Handel mit elektrischer Energie involviert sind. Er spricht für 99 % der Produzenten und etwa 91 % der Konsumenten (vgl. Energi Norge 2012). Die norwegische Schwerindustrie wird durch den Industrieverband ‚Norsk Industri‘ vertreten (vgl. Norsk Industri 2012). Dieser betreibt vor allem Lobbyarbeit, um die Strompreise auf niedrigem Niveau stabil zu halten und so Konzerne der energieintensiven Industrie zu unterstützen (vgl. SEFEP 2012, 15)[78].

Die Umweltschutzorganisationen in Norwegen nehmen eine heterogene Haltung ein (vgl. CEDREN 2011b, 34f.). Dabei ist ihre Problemwahrnehmung entscheidend:

---

[77] Im Jahr 2010 wurde in Energieäquivalenten neun Mal mehr Gas exportiert als Elektrizität hergestellt (ca. 20 % des europäischen Gesamtbedarfs), vgl. SEFEP 2012, 16.

[78] Der verhältnismäßig preiswerte Strom aus Wasserkraft hat dazu geführt, dass bestimmte Industriezweige wie Metallverarbeitung erst entwickelt werden konnten. Diese arbeiten meist nur mit staatlichen Subventionen profitabel und tragen zur schlechten CO_2-Bilanz Norwegens bei, vgl. OECD 2010b, 113f.

Landschaftsschützer sind gegen Interkonnektoren, da diese zugleich einen Leitungsausbau an Land erzwingen. Klimaschutzorganisationen hingegen befürworten die Projekte. Allgemein haben Umweltschutzthemen einen hohen Stellenwert in der norwegischen Gesellschaft. So umfasst der Dachverband ‚Forum for natur og friluftsliv' (FNF)[79] über 600.000 Einzelmitglieder[80] (vgl. Lund 15.02.2011).

Die Gewerkschaften, geführt durch die ‚Landesorganisasjon i Norge' (LO), dem Gewerkschaftsbund, wollen Arbeitsplätze in der Schwerindustrie erhalten und drängen daher auf moderate Strompreise (vgl. SEFEP 2012, 17). Für die im Energiebereich Beschäftigten existiert die Gewerkschaft der Energieindustrie, ‚Industri Energi'.

Die norwegischen Bürger übernehmen in etwa die Positionen von Industrie und Gewerkschaften, da sie genau wie diese an niedrigen Strompreisen und dem Erhalt der Schwerindustrie interessiert sind (vgl. Econ Pöyry & Thema Consulting Group 2010, 2). Dabei wird laut SEFEP (2012, 23) preiswerte Wasserkraft zum Teil als Geburtsrecht empfunden. Daher sind Strompreise in Norwegen ein ähnlich heikles Thema wie Benzinpreise in den USA (vgl. Deutsche Botschaft Oslo 14.12.2010, 2).

Im Gegensatz zu Deutschland existieren einige Studien und Forschungsvorhaben auf norwegischer Seite, die unter anderem ökonomische und ökologische Wirkungen des Kabel- und Speicherausbaus, aber auch politische Hintergrundbedingungen in Norwegen aufzeigen. Forschungseinrichtungen waren dabei ‚CEDREN' und ‚ZERO' in Oslo, ‚SINTEF' in Trondheim und ‚SEFEP', für das norwegische Wissenschaftler in Berlin publizierten (vgl. Abschnitt 1.2).

3.3 Energiepolitik der EU

Die Europäische Union teilt sich nach dem „*Vertrag über die Arbeitsweise der EU*" (AEUV, 2010/C 83/01) mit den Mitgliedsstaaten Zuständigkeiten in elf Bereichen (Art. 4 (2) AEUV)[81]. Dazu gehören auch Verantwortlichkeiten in der Umwelt-, Netz- und Energiepolitik (vgl. ebd.). Im Folgenden werden die für den Fall relevanten Regulationen des europäischen Strommarktes und Akteure im Sektor vorgestellt.

---

[79] Der FNF ist ein kooperatives Netzwerk zwischen norwegischen Naturschutz- und Outdoororganisationen. Seine Aufgabe sieht der Verband darin, Einfluss auf alle Planungsprozesse zu nehmen, die Konsequenzen für natürliche Ressourcen haben, vgl. FNF 2012.

[80] Norwegen hat etwa 5 Mio. Einwohner, vgl. OECD 2012, 7.

[81] Alle in diesem Abschnitt genannten Rechtsquellen, vgl. Rechtsquellenverzeichnis EU.

3.3.1 Strommarkt

Im Jahr 2010 veröffentlichte die Europäische Kommission (2010) eine Mitteilung über die zukünftige Energieversorgung Europas. Dabei wird diese als eine der *„größten Herausforderungen, vor der Europa steht“*, beschrieben (ebd., 2). Die europäische Energiestrategie sollte aus Sicht der Kommission unter anderem von der Errichtung eines gesamteuropäischer Energiebinnenmarktes, der Gewährleistung von Versorgungssicherheit sowie der Stärkung der *„externen Dimensionen des EU-Marktes“* getragen werden (ebd., 6). Diese Ansätze bilden die Grundlage für die europäische Energiepolitik. Zu der Regulation seitens der EU werden daher nun entscheidende Vorgaben im Hinblick auf erneuerbare Energien und Stromnetzausbau dargestellt.

Die *„Richtlinie – zur Förderung der Stromerzeugung aus erneuerbaren Energiequellen im Elektrizitätsbinnenmarkt“* (2001/77/EG) beschrieb erstmals konkrete Ausbauziele hinsichtlich erneuerbarer Energien für einzelne Mitgliedsstaaten der EU bis 2010. Weiterhin legte sie den garantierten Zugang zu Netzen von Strom aus erneuerbaren Energiequellen und flexible Mechanismen, wie den Handel mit ‚Grünen Zertifikaten‘, fest (vgl. 2001/77/EG, Art. 5, Art. 7, Begründung (14)). Die Richtlinie wurde mit allen ihren Bestimmungen 2005 in den EWR-Vertrag übernommen. Ihre Fortsetzung fanden diese Maßnahmen 2008, als auf europäischer Ebene ein Kompromiss über die Zukunft der europäischen Energieversorgung gelang. Das ‚Klima- und Energiepaket‘, 20-20-20-Ziele genannt, besteht aus einer breiten Mischung von Maßnahmen, die unter anderem die Senkung der Treibhausgas-Emissionen sowie eine Steigerung der Energieproduktivität und des Anteils regenerativer Energien am Endenergieverbrauch um jeweils mindestens 20 % bis zum Jahr 2020 vorsieht (vgl. Europäisches Parlament 17.12.2008). Verpflichtend wurde es durch die im April 2009 verabschiedete Richtlinie 2009/28/EG.

Der AEUV sieht in Titel XVI den *„Auf- und Ausbau transeuropäischer Netze“* vor (2010/C 83/01 § 170). *„Die Interoperabilität der einzelstaatlichen Netze“* soll durch *„die Verbindung [...der] einzelstaatlichen Politiken“* mit Hilfe der Europäischem Kommission erfolgen (vgl. ebd. § 170f.). Unter Titel XXI *„Energie“* sind die *„Sicherstellung des Funktionierens des Energiemarkts“* und die *„Förderung der Interkonnektion der Energienetze“* vermerkt (vgl. ebd. Art. 194d).

Im Zuge der Binnenmarktliberalisierung der EU wurde 2009 ein Paket von Richtlinien und Verordnungen verabschiedet, das für einen vertieften Markt, mehr Wettbewerb und diskriminierungsfreien Netzzugang sorgen sollte, das sogenannte ‚Dritte Binnenmarktpaket'. Dazu wurden im Energiebereich die Interessen der Beschaffungs- und Versorgungswirtschaft von den Übertragungsnetzen mittels ‚Ownership Unbundling' getrennt. So sollte für einen faireren Netzzugang neuer Anbieter gesorgt werden (vgl. Abschnitt 3.1.2.2). Aus diesem Paket betreffen zwei Maßnahmen explizit den Strombereich: die Richtlinie 2009/72/EG *„über gemeinsame Vorschriften zum Elektrizitätsbinnenmarkt"* und die Verordnungen EG 714/2009 *„über die Netzzugangsbedingungen für den grenzüberschreitenden Stromhandel und zur Aufhebung der Verordnung EG 1228/2003"* (vgl. 2009/72/EG; Verordnung EG 714/2009; Gramlich 2012, 394–398).

Für die vorliegende Untersuchung ist vor allem Artikel 17 der Verordnung EG 714/2009 *„Neue Verbindungsleitungen"* interessant. Er besagt, dass neue, grenzüberschreitende HGÜ-Leitungen wie NorGer unter der Bedingung von der Regulierung der Gewinnverwendung und der Einspeisung dritter Parteien in das Kabel ausgenommen werden können, wenn *„das mit der Investition verbundene Risiko [...] so hoch [ist], dass die Investition ohne die Gewährung einer Ausnahme nicht getätigt würde"* (vgl. ebd. Abs. 1b)[82]. Andererseits dürfte sich *„die Ausnahme [...] nicht nachteilig auf den Wettbewerb oder das effektive Funktionieren des Elektrizitätsbinnenmarkts oder das effiziente Funktionieren des regulierten Netzes auswirken, an das die Verbindungsleitung angeschlossen ist"* (vgl. ebd., Abs. 1f). Um dies festzustellen, müssten sich die zuständigen Regulierungsbehörden in den betroffenen Ländern gemeinsam darüber einigen, ob ein Projekt von den betreffenden Rechtsnormen entbunden werden kann (vgl. ebd. Abs. 4). Erst wenn dies geschehen ist, gibt die EU-Kommission über die eingereichten Anträge ein Votum ab (vgl. ebd., Abs. 5). Deutschland wechselte Mitte des Jahres 2009 in diese für die Bundesbehörden rechtsverbindlichen Vorschriften. Dahingegen verblieb Norwegen, das mit der EU wirtschaftlich über das EWR-Abkommen kooperiert, vorerst im Geltungsbereich der alten Vorschriften (vgl. Hansen 31.07.2012 mdl.). Die durch Verordnung EG 714/2009 aufgehobene EG 1228/2003 jedoch besagt hinsichtlich Absprachen zwischen Regulierungsbehörden, dass jede für sich Ausnahmegenehmigungen treffen

[82] Die Regulierung betrifft dabei Regelungen der Gewinnverwendung aus Einnahmen eines Kabels. Diese dienen für gewöhnlich dem Erhalt und Zubau von Netzinfrastruktur, vgl. EG 714/2009 Art. 16 Abs. 6. Auch müssen *„nicht-diskriminierende marktorientierte Lösungen"* über die *„Vergabe grenzüberschreitender Kapazitäten"* geschaffen werden, vgl. ebd. Art. 12 Abs. 2. Von den genannten Regulierungen wollte sich die NorGer KS befreien lassen.

muss (vgl. EG 1228/2003 Art. 7 Abs. 4). Dies bedeutete, dass die BNetzA über das NorGer-Kabel auf Grundlage eines anderen Rechtsrahmens als das NVE entschied (vgl. Abschnitt 4.1.2).

3.3.2 Zentrale Akteure

Für den vorliegenden Fall sind zwei Akteure auf der europäischen Ebene relevant. Die beiden Organe der EU, die für die Koordination der Zulassung von NorGer entscheidend waren, werden im Folgenden vorgestellt.

Die EU-Kommission nimmt im supranationalen Gefüge der EU vor allem die Funktion der Exekutive wahr. Sie hat unter anderem das alleinige Vorschlagsrecht bei Gesetzesentwürfen in der EU und beaufsichtigt die Einhaltung der europäischen Verträge (vgl. Wessels 2008, 225f.).

Die Energiepolitik der EU wird auch über das ‚Directorate-General Energy' (DG Energy) gesteuert. Derzeitiger Energiekommissar ist der Deutsche Günther Oettinger (CDU). Er setzt sich für die Etablierung einer gesamteuropäischen Energiepolitik und eine Fortsetzung des 20-20-20-Prozesses ein (vgl. DG Energy 2012).

3.4 Die Kabelprojekte NorGer und Nord.Link

Energiewirtschaftlich wurde der geplante Bau beider Kabel ähnlich begründet: Der Ausbau der europäischen und innerdeutschen Netzinfrastruktur sei sowohl Teil des Energiekonzeptes der Bundesregierung aus dem Jahr 2010 wie auch der Infrastrukturpolitik der Europäischen Union (vgl. Statnett 2011a, 7; Abschnitte 3.1.1.2; 3.3.1). Des Weiteren sollte flexibel abrufbare elektrische Leistung in Spitzenlastzeiten nach Deutschland beziehungsweise Norwegen verkauft werden können (vgl. Hagem 05.07.2010, 12)[83]. Dies sollte zum „*Ausgleich der Windenergie durch norwegische Wasserkraft, Netzstabilität, Preissenkungen durch Verbindung zum skandinavischen Strommarkt NordPool Spot*" und einer positiven Umweltwirkung durch den Import von CO_2-freiem Strom aus Norden beziehungsweise Süden führen (Hochstätter 25.01.2010). Im Folgenden werden die Rahmendaten der beiden Projekte vorgestellt.

[83] Stratmann (19.04.2012) meint, dass von der Anforderung norwegischen Stroms bis zur Lieferung nach Deutschland, rein technisch gesehen, lediglich wenige Minuten vergehen.

Erste Planungen für das Kabel NorGer, das mit 1.400 MW Übertragungskapazität vom süd-norwegischen Feda bis zum niedersächsischen Moorriem verlaufen sollte, liefen bereits im Jahr 2006 an (vgl. EGL 26.08.2011; Lauen 2008, 2). Anteilseigner der Nor Ger KS mit jeweils gleich großen Beteiligungen waren zunächst die schweizerische ‚Elektrizitäts-Gesellschaft Laufenburg AG' (EGL)[84] sowie die norwegischen Unternehmen Agder Energi und Lyse Energi (vgl. Agder Energi 23.06.2010). Diese wollten NorGer als dereguliertes Handelskabel betreiben, das bei BNetzA und NVE genehmigungspflichtig war (vgl. Abschnitt 3.3.1). Hinzu kam, dass das Kabel durch das Natura 2000-Schutzgebiet Wattenmeer geführt werden sollte, wozu aber der Landtag in Schleswig-Holstein auch in Hinblick auf die Anbindung der OWP bereits vorzeitig ein positives Votum abgegeben hatte (vgl. MLUR 2011). Das Projekt sollte ursprünglich bis 2014 realisiert sein (vgl. Lauen 2008, 3).

Nord.Link war ebenfalls als Kabel mit 1.400 MW Übertragungskapazität zwischen Deutschland und Norwegen geplant (vgl. Statnett 2011a, 5). Das Projekt wird mittlerweile von Statnett allein vorangetrieben, nachdem es im Jahr 2007 ursprünglich gemeinsam mit E.ON Netz GmbH beziehungsweise Transpower geplant worden war (vgl. Power Engineering 10.01.2008; Dovland 24.06.2008, 2)[85]. Das Seekabel sollte von Vollesfjord (Norwegen) nach Brunsbüttel verlaufen und bereits in Büsum (Schleswig-Holstein) in das Netz von TenneT münden (vgl. Statnett 2011a, 1; 6). Nach dem Verkauf des Übertragungsnetzes von Transpower an TenneT wurden im November 2009 die Verhandlungen zwischen Statnett und TenneT über das Nord.Link-Kabel zweitweise fallen gelassen, da das niederländische Unternehmen zunächst zögerte, den unter E.ON Netz begonnenen Dialog wieder aufzunehmen[86]. Nord.Link sollte im Gegensatz zu NorGer als reguliertes Netzkabel betrieben werden und der Versorgungssicherheit beider Länder dienen (vgl. Mitarbeiter BMU 10.07.2012 mdl.). Das heißt, die Einnahmen aus dem Handel über das Kabel hätten der Kontrolle der zuständigen Regulierungsbehörden unterlegen (vgl. Statnett 2011a, 3). Ursprünglich sollte Nord.Link 2016/ 2017 in Betrieb gehen (vgl. Brammert-Schröder 2011; Bündner 11.04.2011).

---

[84] Die EGL ist eine Tochter der schweizerischen Axpo-Gruppe, einem der führenden EVU der Schweiz. Sie besitzt u.a. eigene Kraftwerkskapazitäten und Netze, vgl. EGL 2012.

[85] Zu diesem Zweck war seitens der E.ON Netz AG bereits 2008 eine Machbarkeitsstudie in Auftrag gegeben worden, die allerdings nicht öffentlich zugänglich ist, vgl. Dovland 24.06.2008, 2.

[86] Diese Aussage stammt von einem Gesprächspartner der Verfasserin, der damit nicht namentlich zitiert werden wollte, daher wurde sie anonymisiert. Der Verfasserin ist die Quelle bekannt.

Da es sich bei beiden Kabelprojekten jeweils um HGÜ-Verbindungen handelt, müssen an den Punkten, an denen die durch sie übertragene Leistung in das inländische Netz ein- oder ausgespeist werden soll, je eine Konverterstation stehen. Diese müssen für die Übertragung den im sonstigen Hochspannungsnetz üblichen Wechselstrom in Gleichstrom umwandeln (vgl. Lübbert 2009, 2).

4 Policy-Analyse

Im folgenden Kapitel wird eine Analyse des Policy-Subsystems der beiden Fallbeispiele vorgenommen. Begonnen wird diese mit einer chronologischen Darstellung der Fälle NorGer und Nord.Link. Innerhalb der Abschnitte werden daran anschließend die in Kapitel zwei gebildeten Variablen – Akteure, Instrumente und politischer Einfluss – im Einzelnen untersucht. Dazu werden die im Untersuchungsdesign vorgestellten Kriterien – Advocacy-Koalitionen, Zugang zu Entscheidungsfindungsprozessen und Konfliktfähigkeit – nacheinander bearbeitet. Dabei konzentriert sich die Untersuchung auf die Darstellung deutscher Akteure.

4.1 Seekabelprojekte NorGer und Nord.Link

In diesem Abschnitt werden die Verhandlungsabläufe um die beiden Seekabel, NorGer und Nord.Link, zwischen 2006 und Juni 2012 chronologisch dargestellt, da sich in den Fällen regelmäßig Verhandlungspartner oder regulatorische Schritte überschneiden. Hierbei werden die Ereignisse in den prozessorientierten Policy-Zyklus eingeordnet.

4.1.1 Politikwahrnehmung und Agenda-Gestaltung (2006 – 2008)

Die Relevanz der geplanten Seekabel zwischen Norwegen und Deutschland entsprang auf deutscher Seite vornehmlich dem Wunsch nach Energieversorgungssicherheit, da ein Interkonnektor sowohl die fluktuierende Stromerzeugung aus Windenergie sowie PV ausgleichen, als auch das Stromnetzes entlasten kann (u.a. Mitarbeiter BMU 10.07.2012 mdl.). Die Idee der Verbindung zwischen beiden Stromversorgungssystemen Norwegens und Deutschlands entstand bereits Anfang der 1990er Jahre (vgl. DER SPIEGEL 1992)[87].

[87] Die Hamburgischen Electricitätswerke planten damals gemeinsam mit der Berliner Bewag (beide heute Vattenfall), den Badenwerken, der schwäbischen EVS (beide heute EnBW) und der VEW Dortmund (heute RWE) ein Kabel mit 600 MW Übertragungsleistung von Süd-Norwegen nach Brunsbüttel. Die Planung wurde damals ökonomisch begründet: Eine Leitung würde weniger kosten als der Neubau eines Kohle oder Atomkraftwerkes, vgl. DER SPIEGEL 1992; Corbach 2007, 15–23.

Die in den letzten Jahren in der Diskussion stehenden Projekte, NorGer und Nord.Link, scheinen mittlerweile auf norwegischer wie auf deutscher Seite realisierbar zu sein (vgl. u.a. Mihm 15.06.2012). Dabei war zunächst nicht geklärt, ob die beiden Kabel Deutschland mit Wasserspeichern in Norwegen verbinden oder lediglich eine Vernetzung mit dem norwegischen Strommarkt darstellen sollten. Da es gerade gegen den Bau weiterer Kavernen für Pumpspeicherwerke (PSW) in Norwegen erhebliche Widerstände gab, sollte mittelfristig mittels der Interkonnektoren eine Verknüpfung der beiden Strommärkte hergestellt werden (vgl. Mitarbeiter BMU 10.07.2012 mdl.). In der Medienberichterstattung und der durch diese geprägten öffentlichen Wahrnehmung wurden allerdings die Speichermöglichkeiten in Norwegen meist als Grund für den Bau der Kabel erklärt (vgl. u.a. Asendorpf 01.09.2011). Auch einige Akteure wollen den Fokus auf die PSW in Norwegen beibehalten (vgl. u.a. Kuxenko 20.08.2012 mdl.).

4.1.2 Politikformulierung (2009 bis Sommer 2011)

Die Unterlagen für den Antrag auf Freistellung von der Regulation gemäß der Verordnung EG 714/2009 für das NorGer-Kabel wurden im März 2009 bei der EU-Kommission, der BNetzA und norwegischen OED eingereicht (vgl. BNetzA 31.05.2010). Das deutsche Raumordnungsverfahren begann im Mai 2009. Einige Monate später sagte Transpower (heute TenneT) NorGer den Einspeisepunkt in Moorriem (Niedersachsen) zu. Im Januar 2010 wurden dann die Genehmigungsunterlagen für die AWZ beim BSH abgegeben (Absatz vgl. NorGer KS 26.02.2010, 3)[88].

Um Rechtssicherheit für das Genehmigungsverfahren bei der Europäischen Union zu schaffen, stellte Bernd Lange[89], Mitglied des Europäischen Parlaments für die SPD Niedersachsens, eine Anfrage an die Kommission bezüglich deren Rechtsauffassung im Falle NorGer (vgl. Lange 20.04.2010). Seine Fragen bezogen sich auf die Meinung der Kommission zu den Themen: Interkonnektoren als Teile des Übertragungsnetzes und den Geltungsbereich von europäischen Vorgaben bezüglich Netzausbau und -bewirtschaftung für Staaten des EWR (vgl. ebd.). Im Namen der Kommission antwortete im Mai 2010 der Energiekommissar Günter Oettinger auf diese Anfrage: Das NorGer-Kabel sei eine *„Verbindungsleitung gemäß der Definition der Verord-*

---

[88] Seit Anfang 2010 ließ sich das Investorenkonsortium NorGer KS auf deutscher Seite durch das Beratungsunternehmen H&H Consulting vertreten, vgl. Abschnitt 3.1.2.3.

[89] Bernd Lange ist Mitglied des Europäischen Parlamentes für die Sozialdemokratische Fraktion. Er arbeitet vor allem in der Handels- und Industriepolitik, vgl. Lange 2012.

nung (EG) 714/2009", man sehe keinerlei Veranlassung, diese Vorschriften zu verändern (Europäische Kommission 31.05.2010). Auch Norwegen sei verpflichtet, diese Verordnung umzusetzen und habe dies bereits angekündigt (vgl. ebd.).

Mitte des Jahres 2010 stieg Statnett mit einem Anteil von 50 % bei der NorGer KS ein (vgl. NorGer KS 23.06.2010). Die ehemaligen Hauptinvestoren EGL, Lyse Energi und Agder Energi behielten jeweils 16,67 % am Projekt. Dies sahen einige Akteure als strategischen Schachzug, da klar war, dass die Zulassung eines Handelskabels in Norwegen auf Grund der herrschenden Energiedoktrin ohne die Beteiligung des staatlichen Netzbetreibers Statnett kaum zu bekommen sein würde (vgl. Bischoff 23.06.2010).

Seit Oktober 2010 verhandelte die Beschlusskammer IV der BNetzA über die Ausnahmegenehmigung zur Gewinnverwendung und gab einen Monat später dem Antrag der NorGer KS statt. Sie befreite das Kabel von bestimmten Vorschriften der Energiemarktregulierung (vgl. Hansen 31.07.2012 mdl.; BNetzA 26.11.2010). Der damalige Leiter der Behörde begründete dies mit dem *„wichtige[...n] Beitrag für die europäische Netzintegration"*, den Interkonnektoren leisten würden. NorGer könne seitens der BNetzA *„von den Vorgaben über die Verwendung der Engpasslösung sowie von Vorschriften über Netzanschluss und Netzzugang befreit werden"* (beides BNetzA 25.11.2010). Die Entscheidung konnte hinsichtlich der Haltung des OED als politisches Signal der deutschen Regulatoren verstanden werden.

Die norwegische Regulierungsbehörde, das OED, die für die politische Genehmigung zuständig war, meldete sich nicht bei der NorGer KS zurück (vgl. Mitarbeiter BMU 10.07.2012 mdl.). Dadurch stieß die BNetzA bei der Erteilung der Ausnahmegenehmigung auf erhebliche Schwierigkeiten: Nach den Normen der EG 714/2009, die in Deutschland gültig war, mussten die betroffenen Genehmigungsbehörden gemeinsam zu einem Votum gelangen. Da die Norweger diese Verordnung noch nicht umgesetzt hatten, genügte ihnen ein einseitiges Votum ohne Konsultation der BNetzA. Auf diese Weise kam es kaum zu Rücksprachen mit den deutschen Behörden, und der Regulationsprozess seitens Norwegens kam nicht voran (vgl. Abschnitt 3.3.1).

So entstand Anfang Februar 2011 im BMU der Eindruck, dass es bei den Verhandlungen zwischen NorGer, OED und EU-Kommission *„ein ziemliches Problem"* gab (Bischoff 03.02.2011). Offenbar bereitete das zögerliche Verhalten der Kommission auch dem BMWi Sorge, sodass Staatssekretär Homann beabsichtigte, Energiekommissar Oettinger zu schreiben, um *„auf die Notwendigkeit einer Ausnahmegenehmigung hin[zu]weisen“* (Hinsch 14.02.2011). Tatsächlich kam es in den Verhandlungen mit der EU-Kommission zu Komplikationen für die NorGer KS, da diese im Falle eines deregulierten Betriebes von NorGer einen Wettbewerbsnachteil für weitere geplante Kabel befürchtete, und so die Voraussetzungen für die Erteilung einer Ausnahmegenehmigung aus Sicht der Kommission nicht gegeben sah (vgl. Schultz 12.04.2011; Abschnitt 3.3.1).

Im März 2011 sollte in Berlin eine letzte Verhandlungsrunde zwischen DG Energy, BNetzA, NorGer und dem norwegischen Energieministerium stattfinden. Angestellte des OED erschienen nicht zu dem Termin (vgl. NorGer KS 31.03.2011, 1). Deren Anwesenheit war nach den in Norwegen geltenden Vorgaben nach EG 1228/2003 nicht notwendig, wäre aber ein politisches Bekenntnis zu dem Kabelprojekt gewesen. Die Zusammenkunft verlief laut NorGer KS nicht gut für das Konsortium (vgl. Hochstätter 06.04.2011). Hochstätter ging davon aus, dass die Kommission kein dereguliertes Kabel zulassen würde[90]. Dies stand allerdings im Widerspruch mit früher getätigten Aussagen des Energiekommissars Oettinger (vgl. ebd.; s.o.)[91]. Die BNetzA habe den Kompromiss vorgeschlagen, dass das erste Kabel mit 1400 MW Übertragungskapazität ein reguliertes sein würde. Dies könnte durch ein dereguliertes in dem Maße ergänzt werden, wie es die Kapazität im süd-norwegischen Stromnetz erlaube (vgl. NorGer KS 31.03.2011, 1). Diese sollten mit Hilfe einer von Statnett angefertigten Studie ermittelt werden[92].

Am 7. April 2011 teilte Hochstätter Joachim Pfeiffer (CDU)[93] mit, dass *„der NorGer-Vorstand [...] heute beschlossen [hat] den Antrag auf Ausnahme von der Regulierung des NorGer-Handelskabels zurückzunehmen“* (Hochstätter 07.04.2011)[94]. Damit sei eine *„Genehmigung“* durch die EU-Kommission hinfällig geworden (ebd.). Das angebotene Entgegenkommen sei für die NorGer KS nicht tragbar, da die Studie, auf

---

90 Dabei verkannte der Consultant offenbar, dass die DG Energy gar keine vom Votum des OED losgelöste, eigenständige Zulassung erwirken konnte, vgl. Abschnitt 3.3.1.

91 Diese Einschätzung findet ihre Grundlage in Aussagen zum Thema Bürokratieabbau und Beschleunigung beim Netzausbau innerhalb Europas, die Günther Oettinger u.a. gegenüber Spiegel Online gemacht hat, vgl. Schultz 04.02.2011.

92 Die Studie erschien im August 2011 und zeigte, dass das süd-norwegische Netz erheblichen Erneuerungsbedarf aufwies, vgl. Statnett 28.09.2011; Abschnitt 3.2.1.

93 Zur Person, vgl. Abschnitt 3.1.2.3.

94 Vgl. auch BNetzA 10.06.2010.

der es basiere, *„sozusagen vom norwegischen Staat erstellt wird (der kein Interesse an einem deregulierten Kabel hat)"* (ebd.; vgl. Abschnitt 3.2.1). Auch Torsten Bischoff (BMU)[95] mutmaßte in einer E-Mail an zwei seiner Referenten, dass *„Norwegen wohl ein ganz eigenes Spielchen spielt"* (Bischoff 27.04.2011). So blieb die Entscheidung der BNetzA in Hinblick auf NorGer die einzige, denn das norwegische OED hatte keinen eigenen Entschluss gefasst, sodass auch die Kommission keine Stellungnahme abgeben konnte (vgl. Hansen 31.07.2012 mdl.).

Dessen ungeachtet beendete das niedersächsische MELV das Planfeststellungsverfahren für NorGer Ende März 2011. Die Behörde kam zu dem Schluss, dass der *„dargestellte Trassenverlauf einschließlich des Suchraumes für die Konverterstation mit den Erfordernissen der Raumordnung unter Beachtung der Maßgaben vereinbar ist und den Anforderungen an die Umweltverträglichkeit des Vorhabens entspricht"* (MELV 29.03.2011, 5). Die Zulassung für den Bau des Kabels wurde auf fünf Jahre befristet und unter bestimmten Auflagen erteilt (vgl. NorGer KS 29.03.2011).

Trotz aller Bemühungen um Deregulierung stiegen im Spätsommer 2011 alle Minderheitspartner aus dem Projekt NorGer aus (vgl. Statnett 11.07.2011). EGL begründete diesen Schritt damit, dass die EU *„sich gegen eine regulatorische Freistellung der NorGer-Einnahmen"* gestellt habe (EGL 26.08.2011). Damit sei *„NorGer als reines Handelskabel grundlegend in Frage gestellt"* worden (ebd.). Außerdem war den Investoren unklar, welches der beiden Seekabelprojekte, NorGer oder Nord.Link, seitens Statnett bevorzugt behandelt werden würde. Basis hierfür war die Studie über das süd-norwegische Stromnetz (vgl. Abschnitt 3.2.1). EGL fand, dass vor allem die deutsche Seite das Projekt NorGer unterstützte (vgl. ebd.).

Lange Zeit lag das Projekt Nord.Link zumindest in der öffentlichen Wahrnehmung auf deutscher Seite planerisch brach. Tatsächlich aber durchlief es bis Frühjahr 2011 die ersten Schritte des deutschen Planungsverfahrens (vgl. Statnett 30.03.2011). Im August 2011 wurden die *„Antragsunterlagen zur Genehmigung nach § 133 BbergG"* für den Trassenabschnitt in der AWZ bei den zuständigen Behörden BSH und dem LBEG eingereicht (Statnett 2011a, 1). Ein Planfeststellungsantrag gemäß § 43 EnWG legte Statnett beim Landesbetrieb für Straßenbau und Verkehr in Kiel vor. Der ÜNB wollte für Nord.Link eine freiwillige Umweltverträglichkeitsprüfung durchführen lassen, da die geplante Trasse unter anderem durch das Natura 2000-Gebiet Watten-

[95] Zur Person, vgl. Abschnitt 3.1.2.1.

meer führen sollte (vgl. ebd., 1). Daher unterlag der Bau des Kabels dem Bundesnaturschutzgesetz[96].

Letztlich war die Debatte um NorGer seit der Übernahme durch Statnett tatsächlich fast zum Erliegen gekommen. Im Herbst 2011 wurden sowohl die H&H Consulting als auch die Mitarbeiter im Projektteam der schweizerischen EGL aus dem Projekt entlassen und seitens Statnetts durch einen eigenen Planungsstab ersetzt (vgl. H&H Consulting 24.10.2011; Statnett 23.08.2011; Harrenberg 25.10.2011).

4.1.3 Politikimplementation (Herbst 2011 bis Sommer 2012)

Die Phase der Politikimplementation begann im August 2011[97], als der deutsche Wirtschaftsminister Philipp Rösler nach Oslo reiste, um sich dort mit Vertretern des norwegischen Staates zu Gesprächen über die zukünftigen Energiebeziehungen der beiden Länder auszutauschen (vgl. BMWi 03.08.2011)[98]. Erstmals im Verlauf der Seekabel-Verhandlungen wurden im Zuge des Treffens die gemeinsamen Zielvorstellungen in einer deutsch-norwegischen, interministeriell arbeitenden Arbeitsgruppe zum Stromaustausch zwischen dem BMWi und dem norwegischen OED institutionalisiert. Sie nahm im Herbst 2011 ihre Arbeit auf (vgl. Deutscher Bundestag 04.05.2012, 33; Auswärtiges Amt 06.10.2011, 2). In den Gesprächen wurde laut eines Dossiers der deutschen Botschaft in Oslo (09.08.2011, 3) deutlich, dass Norwegen „*vor allem auch am Grundlastgeschäft interessiert [sei], statt nur Reservekraft für den wachsenden erneuerbaren Sektor zur Verfügung zu stellen*". Rösler hingegen unterstrich „*das strategische Interesse Deutschlands an einer Mitnutzung der norwegischen Wasserbatterie*" (ebd.). Auch dahingehend zeigte sich Minister Moe „*offen für die anstehenden Kabelprojekte [... und] den Einstieg in eine umfassende Vernetzung*" (ebd.). Allerdings wurden auch die in Norwegen bestehenden Widerstände kommuniziert.

Ein erneutes Willensbekenntnis der Bundesregierung zum Ausbau der Stromnetzinfrastruktur zwischen Norwegen und Deutschland gab Angela Merkel im Winter 2011 ab, als sie sich mit dem norwegischen Ministerpräsidenten Stoltenberg in Deutsch-

---

[96] Vor allem den §§ 14f, 30, 34 und 44 BNatSchG, vgl. Abschnitt 3.1.1.1; Rechtsquellenverzeichnis BRD.

[97] Die Phasen Politikformulierung und -implementation gehen zeitlich ineinander über.

[98] Vor allem ging es bei den Gesprächen um Gaslieferbeziehungen und „Carbon Capture and Storage"-Technologie (CCS), vgl. BMWi 03.08.2011.

land traf. Sie sollte laut ihrer Vorlage aus dem Auswärtigen Amt unterstreichen, dass *„Kabelprojekte [und] Netzausbau sehr wichtig für [die] Energiewende"* in Deutschland seien (Auswärtiges Amt 06.10.2011, 2). Aus diesem Grund sollte Merkel Stoltenberg dazu auffordern, *„dieses Projekt, das von Statnett und Statkraft betrieben wird, mit einer gemeinsamen Erklärung voran[zu]bringen"* (ebd.).

Anfang des Jahres 2012 ließ Statnett verlautbaren, dass es nur ein Kabel nach Deutschland geben würde und noch nicht geklärt sei, ob man die britische Leitung der deutschen vorziehen wolle[99]. Dazu hätten die Konzerne Statkraft und Statnett eine Arbeitsgruppe auf Chefebene eingerichtet, die ihre Ergebnisse im Sommer 2012 präsentieren würde (vgl. Deutsche Botschaft Oslo 15.02.2012, 3). Grundlage der Entscheidung seien unter anderem die Anschlussbedingungen in den jeweiligen Ländern (vgl. ebd., 2). Die Aussagen zielten in Hinblick auf die beiden deutschen Anlandestellen vor allem auf die mangelhafte Kapitalausstattung des für den Netzanschluss und die Durchleitung verantwortlichen Stromnetzbetreibers TenneT (vgl. Abschnitt 3.1.2.2). Auch bemängelte ein in den Prozess eingebundener Akteur, dass *„das Kabelthema [...] Führung und Koordination [erfordere...,] die [...] auf deutscher Seite nicht gegeben"* sei (Stratmann 19.04.2012). Auf britischer Seite hingegen schienen die meisten Probleme im Februar 2012 bereits gelöst zu sein (vgl. Deutsche Botschaft Oslo 15.02.2012, 2f.). Die Verhandlungen mit den Norwegern gestalteten sich nach Aussage deutscher Teilnehmer zu diesem Zeitpunkt *„schwierig"* (vgl. Stratmann 19.04.2012).

Aufgrund des informell gehaltenen Fortgangs der Erörterungen, die seit Anfang 2012 im Rahmen der Arbeitsgruppe ‚Ausgleichskapazität Strom' stattfanden, überraschte die vorläufige Einigung zwischen den Verhandlungspartnern TenneT, der deutschen Bundesregierung in Form von BMWi und KfW sowie Statnett im Juni 2012. Laut einer ersten Pressemitteilung vom 14.06.2012 gab es nicht-rechtsverbindliche Zusagen, wonach die Finanzierung von Statnett (50 %), der KfW (mindestens 25 %) und TenneT übernommen werden sollte (vgl. Statnett 14.06.2012). Zunächst berichtete die ‚Frankfurter Allgemeine Zeitung' (FAZ) darüber, dass der zuständige Wirtschaftsstaatssekretär Kapferer Statnett schriftlich zugesagt hatte, dass die KfW im Falle eines Leitungsbaus finanzielle Hilfen in Form einer Eigenkapitalbeteiligung zur Verfügung stellen würde (vgl. Mihm 15.06.2012). Rund eine Woche später wendete sich

[99] Parallel könnte der Bau der Kabel nach Deutschland und Großbritannien laut Statnett aus finanziellen und personellen Gründen nicht durchgeführt werden, vgl. Romsaas 07.10.2011.

Wirtschaftsminister Rösler gemeinsam mit dem norwegischen Energieminister Moe an die Presse, um offiziell die norwegische Zusage für den Bau eines Interkonnektors bis zum Jahr 2018 bekanntzugeben. Bis September 2012 wollen die Länder die konkreten finanziellen Zusagen aller Partner aushandeln (vgl. BMWi 21.06.2012).

Welches der beiden Projekte, NorGer oder Nord.Link, zuerst gebaut werden soll, steht bis jetzt nicht fest (vgl. Hansen 29.07.2012 mdl.). Da das Planfeststellungsverfahren für Nord.Link aber weitergeführt wird, ist davon auszugehen, dass das Projekt mit der Anlandestelle in Schleswig-Holstein vorangetrieben wird (vgl. MLUR 02.08.2012).

4.2 Advocacy-Koalitionen

Advocacy-Koalitionen entstehen innerhalb eines Policy-Subsystems, das, wie in Abschnitt 2.1 dargestellt, eine territoriale und eine funktionale Dimension hat. Diese Netzwerke können anhand gemeinsamer handlungsleitender Wertpräferenzen und dem damit verbundenen Framing politischer Problemlösungsalternativen seitens der Handelnden ausgemacht werden. In Studien mit umwelt- oder energiepolitischem Fokus, werden Akteure häufig in ökonomische versus ökologische Koalitionen eingeteilt (vgl. u.a. Reiche 2004, 140–144; Corbach 2007, 79–82). Die Koalitionen, die im vorliegenden Fall vorgefunden wurden, werden im Folgenden getrennt nach ihrer territorialen Dimension untersucht.

4.2.1 Koalition in Deutschland

Traditionell werden energiepolitische Entscheidungen in der BRD durch die vier großen EVU beziehungsweise ÜNB, ihrem Interessenverband BDEW und dem BDI dominiert (vgl. Brand & Corbach 2005; Abschnitt 3.1.2.3). Doch gerade in dem vorliegenden Fall der Seekabelverbindungen schienen diese Schlüsselakteure bis auf TenneT kaum Interesse an den Projekten NorGer und Nord.Link gehabt zu haben. Von einzelnen großen EVU kamen positive Rückmeldungen zu den Kabelprojekten, solange sie mit Möglichkeiten der Energiespeicherung in Norwegen verbunden waren. So äußerte sich unter anderem Fritz Vahrenholt, Vorsitzender der Geschäftsführung der RWE-Erneuerbarensparte ‚Innogy', gegenüber der ‚Zeit online' wie folgt: *„Wir brauchen alles: Pumpspeicher im Schwarzwald, im Ruhrgebiet und in Norwegen"*

(Schramm 25.11.2010). Bernd Calaminus (EnBW) hielt auf einem Workshop von CEDREN im Dezember 2010 einen Vortrag zum Thema „*Perspectives and the Role(s) of Storage seen from German Utility*“ vor (CEDREN 2011e). Darin stellte er Pumpspeicher in Norwegen als eine Alternative zur Lösung der Frage fluktuierender Windstromerzeugung vor (vgl. Calaminus 15.11.2010, 19). Es fällt auf, dass die deutschen EVU den Entwicklungspfad seit 2011 nicht weiter verfolgten. Das kann daran liegen, dass der Option der Stromspeicherung in norwegischen PSW aufgrund der mittelfristig geringen Übertragungskapazitäten vorerst nicht weiter nachgegangen wird (vgl. u.a. Baltzer 27.07.2012). Es ist aber auch damit zu erklären, dass der Umbau der Energieversorgung hin zu einer auf erneuerbaren Energieerzeugungsanlagen basierenden nicht im Interesse der vier großen EVU liegt. Sie treten daher nicht für langfristig bessere Speicherbarkeit von in Deutschland erzeugtem Strom aufgrund einer stärker fluktuierenden Einspeisung ein (vgl. Abschnitt 3.1.2.2)[100].

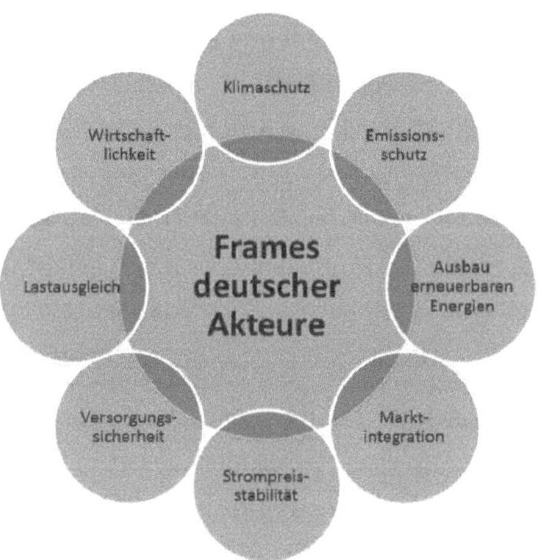

Abbildung 3: Handlungsleitende Frames der deutschen Akteure[101]

Allgemein werden die Frames: Klimaschutz Emissionsschutz, Ausbau erneuerbarer Energien, Integration in den europäischen Binnenmarkt, Strompreisstabilität, Versorgungssicherheit, Lastausgleich sowie Wirtschaftlichkeit des Geschäftsmodells als

[100] Dies könnte sich mittelfristig ändern, da einige von ihnen in OWP investieren und bis 2022 ihre Erzeugungskapazitäten in der Atomenergie verlieren werden, vgl. Stiftung Offshore-Windenergie 2012c, 4; Abschnitt 3.1.1.2.

[101] Eigene Darstellung.

grundlegende handlungsleitende Elemente der auf deutscher Seite agierenden Akteure angenommen (vgl. Abbildung 3).

Tatsächlich fällt bei einem Blick auf die deutsche Akteurslandschaft auf, dass es keine Kräfte gab, die eindeutig gegen den Bau der beiden Interkonnektoren waren. So beschränkt sich die Analyse der deutschen Advocacy-Koalitionen darauf, die Positionen und Frames der Akteure herauszuarbeiten, die dem Bau der Interkonnektoren positiv gegenüber standen, um innerhalb dieser Gruppe einzelne Koalitionen auszumachen, die sich aufgrund der von ihnen gesetzten Frames unterscheiden.

Bei den Akteuren, die sich in Deutschland für den Bau der Seekabel stark machten, dominierten staatliche Stellen wie BMWi, BMU und die Landesregierungen von Niedersachen und Schleswig-Holstein. So antwortete beispielsweise der zuständige Staatssekretär im BMWi, Jochen Homann, auf eine Anfrage der Abgeordneten Ingrid Nestle (Bündnis 90/ Die Grünen) zum Thema Seekabelverbindungen zwischen Norwegen und Deutschland, dass die Bundesregierung den Ausbau von Seekabeln zur Übertragung von Elektrizität *„grundsätzlich befürwortet"* (Deutscher Bundestag 18.02.2011, 30). Für das BMWi stehe *„ganz oben auf der [energiepolitischen Agenda] die Schaffung von Speichermöglichkeiten, um Schwankungen besser auszugleichen sowie der Ausbau von Interkonnektoren"* (Energiespektrum 2011, 22). Aber auch der ökonomische Effekt der Einbindung des deutschen Strommarktes in den europäischen sei eine treibende Kraft gewesen (vgl. Hansen 31.07.2012 mdl.).

Aus dem BMU existiert ein Vermerk über Sprechpunkte[102] für Unterabteilungsleiter (UAL) Schafhausen, der sich im Rahmen der deutsch-norwegischen Energiekonferenz im Dezember 2010 mit einer Delegation aus dem norwegischen OED traf. Schafhausen sollte aktiv *„political backing for such a project"* anbieten, soweit dieses erforderlich sein sollte (BMU 01.12.2010, 3). Dies konnte er, da es bereits im Sommer 2010 eine Veranstaltung im BMU gegeben hatte, auf der sich *„joint interests of Norway an Germany for direct electricity cables"* gezeigt hätten (ebd.). Nach einer Anfrage, die MdB Kolbe an das BMU weitergeleitet hatte, bestätigte Umweltminister Röttgen die Ansicht des BMU 2011 noch einmal, dass *„grenzüberschreitende Stromkabelkapazitäten deutlich ausgebaut werden"* müssten (Röttgen 02.02.2011, 1). Das BMU befürwortete den Bau der Interkonnektoren vor allem deshalb, weil oh-

[102] In Vorbereitung auf das Treffen wurde ein Entwurf der Punkte geschrieben, die Schafhausen in jedem Fall der norwegischen Delegation vermitteln sollte.

ne sie der Ausbau der erneuerbaren Energien in der Nordsee aufgrund bestehender Netzengpässe im deutschen Onshore-Netz keinen Sinn machen würde (vgl. Mitarbeiter BMU 10.07.2012 mdl.).

BMWi, BMU und BSH[103] tauschten sich auf Arbeitsebene regelmäßig und in freundschaftlichem Ton über die Problematiken der Netzanbindung für OWP und Seekabelverbindungen zwischen Deutschland und Norwegen aus (vgl. u.a. Dahlke 09.09.2010; Bischoff 03.02.2011)[104]. Dies lässt darauf schließen, dass die drei Referenten in Hinblick auf das deutsche Offshore-Netz ähnliche Ziele verfolgten.

Bereits im Jahr 2010 äußerte sich die niedersächsische Landesregierung in Form des Umweltministeriums positiv über das geplante Kabelprojekt NorGer, da es eine *„sinnvolle Ergänzung zum landseitigen Netzausbau zur Netzintegration der Offshore-Windenergie“* darstelle (Birkner 13.04.2010, 2). Zur Lösung rechtlicher Probleme des NorGer-Kabels wurde Hilfe aus dem BMWi erbeten (vgl. ebd.; Abschnitt 4.3.1).

Die Landesregierung Schleswig-Holstein hatte in ihrem *„Integrierte[...n] Energie- und Klimakonzept für Schleswig Holstein“*, das sie über ihr Ministerium für Landwirtschaft, Umwelt und ländliche Räume (MLUR) herausgegebenen hatte, dem Kabel Nord.Link eine klare Zusage erteilt (MLUR 2011). Sie werde *„zur überregionalen Ableitung des Windstroms [...] eine HGÜ-Verbindung von Schleswig-Holstein nach Norwegen unterstützen“*, die *„ein Bindeglied zwischen Wind- und Wasserkraft“* werden sollte (vgl. ebd., 29; Statnett & Landesregierung Schleswig-Holstein 30.03.2012, 1). Nach der Landtagswahl, die im Mai 2012 stattfand, bekräftigte der neu ernannte Energiewendeminister Robert Habek (Bündnis 90/ Die Grünen) Anfang August 2012 diesen positiven Tenor: *„Wir begrüßen das Projekt [Nord.Link]. Wir müssen überschüssigen Windstrom speichern können. Dabei hilft uns das geplante Seekabel. Speichermöglichkeiten gehören zur Energiewende wie der Netzausbau und Energieeffizienz“* (MLUR 02.08.2012). Weitere Bundesländer außer den direkt betroffenen interessieren sich nicht für den Bau der Interkonnektoren.

Die Regulierungs- und Zulassungsbehörde BNetzA befürwortete den Bau der Seekabel von vornherein (vgl. Hansen 31.07.2012 mdl.). Die Erteilung der Ausnahmegenehmigung konnte daher als politisches Zeichen interpretiert werden, das den Nor-

---

[103] Allen voran Andreas Steinbach (BMWi), Torsten Bischoff (BMU) und Christian Dahlke (BSH).

[104] Die drei Referenten duzten sich und versuchten u.a. gemeinsam eine größere Personaldecke für die Erstellung eines Offshore-Netzplans zu schaffen, vgl. Bischoff 03.02.2011.

wegern das starke Interesse Deutschlands an dem Kabel zeigen sollte (vgl. Abschnitt 4.1.2). Auch habe die Behörde keine Bedenken gegenüber einer übergangsweisen Beteiligung der KfW an Netzprojekten (vgl. Hansen 31.07.2012 mdl.).

Der Netzbetreiber TenneT, der für die Anbindung der Kabel an Land zuständig ist, hatte nach eigener Aussage großes Interesse an dem Projekt (vgl. Mihm 15.06.2012). Mitarbeiter TenneT (10.08.2012 mdl.) unterstreicht, dass der Bau der Kabel für die Stromversorgung der BRD wichtig sei und es ein gesamtgesellschaftliches Interesse für diesen gäbe, da er einen Stromaustausch mit Norwegen gewährleisten könnten. Dies sei vor allem mit Blick auf die stetig steigenden Anteile der Offshore-Windkraft aus marktwirtschaftlicher Sicht heraus sehr sinnvoll. Die Beteiligung der KfW an einem Seekabelprojekt begrüßt TenneT und versucht für die Offshore-Anbindungen weitere Investoren zu finden, um die Last des Finanzierens breiter zu verteilen (vgl. ebd.). Das Unternehmen fürchtete aber aufgrund seiner finanziellen Lage, sein Geschäftsmodell nicht mehr ökonomisch sinnvoll betreiben zu können.

Die CDU/ CSU-Fraktion im Bundestag griff das Thema bereits 2006 auf: Man pries ein Kabel an, das den norwegischen mit dem deutschen Strommarkt verbinden und so *„zu einem europäischen Strombinnenmarkt und zu einem gesunden Wettbewerb“* führen sollte (Pfeiffer 20.12.2006). Joachim Pfeiffer engagierte sich zwischen 2006 und 2012 als eine Art ‚Policy Broker‘ durchgehend für den Bau von Interkonnektoren zwischen Norwegen und Deutschland (vgl. u.a. Pfeiffer 07.05.2009; 20.08.2011; 21.06.2012)[105]. Das Kabel sei ein Baustein, der benötigt würde, um den Ausbau der erneuerbaren Energien und die Erschließung norwegischer Speicherpotentiale voranzutreiben (vgl. ZfK 2012b). Es kann nach Kuxenko (20.08.2012 mdl.) in gewissem Sinne als *„Pilotprojekt“* gesehen werden, um zu testen, ob sich Investitionen lohnen würden[106]. Pfeiffer begrüßte die Möglichkeit eines KfW-Einstiegs, wenn dies notwendig sei, um die Einsätze von Statnett und TenneT auszulösen (vgl. ebd.).

Die erste und einzige Pressemitteilung der FDP-Bundestagsfraktion zu Interkonnektoren wurde zum Abschluss der Verhandlungen zwischen Norwegen und Deutschland im Juni 2012 herausgegeben: Der positive Ausgang der Verhandlungen sei *„ein toller Erfolg für den Bundeswirtschaftsminister Rösler“*. Das Kabel werde die

---

[105] Er organisierte auch ein Treffen zwischen der Fraktion und Statnett, vgl. Abschnitt 4.3.4.

[106] An dem ‚NorNed‘-Kabel hat sich bereits gezeigt, dass sich die Investition nach wenigen Jahren amortisieren kann, vgl. TenneT 26.05.2009.

Versorgungssicherheit deutscher Unternehmen stärken und einen „*dämpfenden Effekt auf den Strompreis*“ haben (Absatz: FDP Bundestagsfraktion 21.06.2012).

Die SPD (26.01.2011) äußerte sich zu der im Stromgutachten des SRU vorgetragenen Idee der Vernetzung mit Norwegen und nannte sie „*wegweisend*“. Auch Bündnis 90/ Die Grünen (12.04.2011) forderten eine europaweite Vernetzung der Stromnetzinfrastruktur. Gleichzeitig warfen sie der Bundesregierung vor, dass die „*Koalitionsfraktionen im Umweltausschuss seit Monaten Gespräche zur Energie-Kooperation mit Norwegen*“ verhinderten (ebd.). Die Linkspartei bezog zum Thema keine Stellung.

Die NorGer KS behauptete in einem Positionspapier aus dem Februar 2010, dass das Projekt vielfältige Unterstützung aus der bundesdeutschen Verbändelandschaft genieße: So stünden der VIK, der BWE, der europäische Windenergieverband (EWEA), die dena und Greenpeace hinter NorGer (vgl. NorGer KS 26.02.2010, 3). Tatsächlich befand der BWE bereits im Jahr 2008, „*die bessere Anbindung des nördlichen Deutschlands an den skandinavischen Strommarkt [sei] von besonderem Interesse*“ (BWE 11.12.2008, 8f.). Auch forderte der er eine beschleunigte Planfeststellung für Interkonnektoren. Greenpeace dagegen benannte keine konkreten Projekte, hielt aber fest, dass „*die hohen Kapazitäten der skandinavischen Wasserkraftwerke [...] genutzt werden [könnten], um Phasen geringer Windgeschwindigkeit über der Nordsee auszugleichen*“ (Greenpeace 2008, 4). Eine Stellungnahme des VIK zum Thema Seekabel konnte nicht gefunden werden. Ein positives Votum des Verbandes zu dem Thema würde auch überraschen, da er sich im Allgemeinen negativ zu den Bedingungen und der Umsetzung des EEG äußerte (vgl. u.a. VIK 15.08.2012; VIK 25.07.2012). Die dena erwähnt den Ausbau von Interkonnektoren nach Skandinavien sowohl in ihrer ersten wie auch der zweiten Netzstudie (vgl. dena 2005, 156; dena 2010, 9; 23). Inwiefern von tatsächlicher Zustimmung in Hinblick auf das konkrete Projekt NorGer gesprochen werden kann, ist in Anbetracht der Datenlage fraglich. Klar scheint jedoch, dass keiner der erwähnten Akteure Kabelverbindungen nach Skandinavien offen ablehnte.

Der selbsternannte ‚Weltenergierat – Deutschland‘[107] schreibt in einem Positionspapier von 2012: „*Der Ausbau der europäischen Übertragungskapazitäten ist zwingen-*

[107] Der Weltenergierat – Deutschland e.V. ist ein Zusammenschluss von etwa 50 großen EVU, ÜNB, Industrieverbänden, multi-nationalen Unternehmen und Beratungsfirmen, vgl. Weltenergierat Deutschland 2012b. Geschäftsführer des Vereins ist Carsten Rolle, der gleichzeitig beim BDI Abteilungsleiter für Grundsatzfragen der Energie- und Rohstoffpolitik ist, vgl. BDI 2012b.

de Voraussetzung für einen funktionierenden europäischen Strommarkt" (Weltenergierat Deutschland 2012a, 11). Dies ist erstaunlich, da die klassischen Gegner von Projekten, die den Ausbau der erneuerbaren Energien vorantreiben könnten, die konventionelle Stromwirtschaft und die deutsche Industrie sind (s.o.).

Der SRU brachte sich im Januar 2011 in die Debatte um Seekabelverbindungen nach Norwegen ein, indem er sie in seinem Stromgutachten als eine Möglichkeit des Ausgleiches fluktuierender Energie und der Stromspeicherung vorstellte (vgl. SRU 2011, 134; 232). Um dieses Potential voll nutzen zu können, müssten bis 2050 bis zu 42 GW Leitungskapazität zwischen den beiden Ländern geschaffen werden (vgl. ebd., 230). Widerspruch zu dem Gutachten kam unter anderem vom Verein Deutscher Ingenieure (VDI): Die Szenarien seien technisch und wirtschaftlich unrealistisch (vgl. ZfK 2011; VDI 2010). Das Stromgutachten erregte zwar medial große Aufmerksamkeit, hatte auf die tatsächliche Debatte jedoch kaum Einfluss (vgl. Mitarbeiter BMU 10.07.2012 mdl.).

Die BI Moorriem unterstützte die Idee NorGers grundsätzlich, wehrte sich aber gegen den Bau der Konverterstation in ihrem Ort, die für die Anbindung des Kabel an das deutsche Stromnetz notwendig war (vgl. Clausen 22.12.2010)[108]. Die Bürger forderten, dass statt eines neuen Werkes in ihrem Ort, ein bestehendes Umspannwerk am Standort des AKW Unterweser genutzt werden sollte (vgl. ebd.; Abschnitt 4.1.2)[109]. Dieser Anschlusspunkt war allerdings bis Sommer 2011 blockiert, nachdem im Herbst 2010 die Laufzeit des AKW verlängert worden war (vgl. Abschnitte 3.1.1.2; 4.1.2). Die BI Moorriem war eine Zeit lang sehr aktiv. So sammelte sie unter anderem etwa 700 Unterschriften gegen das geplante Vorhaben. Nachdem die Pläne für NorGer auf Grund des Projekteinstiegs von Statnett im Sommer 2011 aber zunächst ruhten, stellte auch die BI ihre Arbeit vorerst ein (vgl. Clausen 22.12.2010). Dies zeigte sich unter anderem an ihrer Homepage, auf der sie zwischen August 2010 und Oktober 2011 sehr umfangreich über aktuelle Ereignisse und Hintergründe informierte (vgl. Clausen 01.10.2011).

---

[108] Das Umspannwerk sollte eine Höhe von ca. 25 m und einer Grundfläche von etwa 350 m^2 haben, vgl. Clausen 15.03.2011; Abschnitt 3.4.

[109] Diese Forderung ist mit dem NIMBY-Schema zu erklären: NIMBY steht für ‚not in my backyard' und beschreibt Phänomene der lokalen Unerwünschtheit von technischen Artefakten wie Kraftwerken, Endlagerstätten für giftige oder radioaktive Materialen oder – wie im Fall der BI Moorriem – Konverterstationen. Die Ablehnung bezieht sich dabei nicht auf die Notwendigkeit des Baus der Artefakte, sondern allein auf den Schutz der lokalen Umfelds der Betroffenen, vgl. u.a. Wolf 1987.

Am Anlandepunkt von Nord.Link, Büsum, gab es keine wahrnehmbaren Widerstände der Bevölkerung. Dies kann zum einen daran liegen, dass die Verlegung eines etwa 50 km langen Erdkabels zwischen der Anlandestelle und dem Umspannwerk in Brunsbüttel geplant war. Zum anderen sollte die Konverterstation nicht zusätzlich errichtet werden, sondern ein bereits am Standort des AKW-Brunsbüttel existierendes genutzt werden (vgl. Statnett 2011a, 14; Prognos AG & Statnett 17.02.2012).

Das allgemeine Interesse für die Seekabelprojekte stieg kurz nach dem Reaktorunfall in Fukushima im März 2011 deutlich an. So bekam eine Online-Petition, die an den Deutschen Bundestag gerichtet war, die für eine Angleichung in der KraftNAV hinsichtlich des Anschlusses von Interkonnektoren warb und bis zum 12.03.2011 kaum mehr als tausend Unterschriften gesammelt hatte, in den letzten vier Tagen ihrer anderthalbmonatigen Laufzeit bis zum 16.03.2011 über 19.000 Unterzeichner zusammen (vgl. openPetition 16.03.2011).

Die Tabelle 3 gibt darüber Aufschluss, wie die Haltung deutscher Akteure gegenüber dem Bau von Seekabeln im Jahr 2012 war. Klar ersichtlich ist, dass sich lediglich die Haltungen weniger Handelnder zwischen dem Anfang der Projektplanungen und 2012 verändert haben, die dazu beigetragen haben könnten, die offizielle Politik umzugestalten. TenneT und die BI Moorriem, die eher gegen den Bau der Seekabel agierten, taten dies nicht, weil sie die Projekte NorGer beziehungsweise Nord.Link prinzipiell ablehnten. Vielmehr wehrten sie sich gegen einzelne Aspekte der Vorhaben, während sie diese weiterhin als ein im Kern sinnvolles Unterfangen betrachteten. Eindeutig ist, dass gerade die beiden Akteure, die sich der Tendenz nach gegen die Kabel engagierten, nicht bündnisfähig waren, da sie sich in Bezug auf das Umspannwerk Moorriem uneinig waren (vgl. auch Abschnitt 4.3.3).

Akteur	Einstellung 2011 und früher[110]	Einstellung 2012	Vorgebrachte Frames
BMWi	+	+	Lastausgleich, Marktintegration, Wirtschaftlichkeit
BMU	+	+	Lastausgleich, Ausbau EE, Klimaschutz
Landesregierung Niedersachsen	+	+	Lastausgleich, Ausbau EE
Landesregierung Schleswig-Hol.	+	+	Lastausgleich, Ausbau EE
BNetzA	+	+	Lastausgleich, Marktintegration
TenneT	o	+	Lastausgleich, Wirtschaftlichkeit
BWE	+	+	Ausbau EE, Klimaschutz
Greenpeace Deutschland	+	+	Klimaschutz, Ausbau EE
dena	+	+	Versorgungssicherheit, Lastausgleich
Industrie	+	+	Versorgungssicherheit, Preisstabilität, Marktintegration, Wirtschaftlichkeit
EVU	+	+	Lastausgleich, Stromspeicherung
BI Moorriem	-	o	Emissionsschutz, Landschafts- und Umweltschutz

Tabelle 3: Einstellungen und Interessen deutscher Akteure gegenüber Interkonnektoren

Sabatier definiert die in Advocacy-Koalitionen auftretende Interaktion, die gleichzeitig eine Koalition manifestiert, als einen „*nontrivial degree of coordinated activity over time*" (Sabatier 1988, 139). Für Deutschland, wo es weder eine sichtbare Kontra-Koalition gegeben hatte, noch je zu einer öffentlich geführten Debatte über den Bau der Seekabel gekommen war, bedeutet dies, dass nach Sabatiers Definition keine klar

[110] Legende: - ablehnend, o indifferent/ neutral, + befürwortend.

abzugrenzende Pro-Seekabel-Koalition hatte bestehen können[111]. Trotzdem ist es möglich, zwei tendenziell verschiedene Haltungen in den von den Akteuren vorgebrachten Frames zu finden. So äußerten sich BMWi, BNetzA, TenneT, die dena, die deutsche Industrie und die EVU vor allem in Hinblick auf eine ökonomische Sichtweise der Problematik: Ihre Frames sind: Versorgungssicherheit, Preisstabilität und Marktintegration. Demgegenüber stehen Akteure wie das BMU, die niedersächsische sowie schleswig-holsteinische Landesregierung, der BWE, Greenpeace Deutschland und die BI Moorriem, die ökologische Themen wie Klimaschutz, den Ausbau der erneuerbaren Energien und Emissionsschutz vortragen. In dieser Betrachtungsweise stellen sich wiederum die traditionellen Advocacy-Koalitionen der Energiepolitik in Deutschland dar (s.o.). Im Fall der Interkonnektoren NorGer und Nord.Link scheinen die klassischen Konfliktlinien durch die Akteure nicht als problematisch wahrgenommen worden zu sein. Hinzu kommt, dass sich die im Feld aktiven Personen und Organisationen sich stark durch die Reichweite ihrer Handlungen unterschieden[112].

4.2.2 Koalitionen in Norwegen

In Norwegen bildete sich zunächst eine Akteurslandschaft mit zwei sehr unterschiedlich ausgerichteten Koalitionen innerhalb des Subsystems Interkonnektoren heraus, die im Folgenden mit ihren Interessen und Strategien vorgestellt werden. Es handelt sich zum einen um die gegen die Seekabel agierende Koalition, die die traditionelle Abschottung des norwegischen Strommarktes beibehalten möchte. Auf der anderen Seite stehen politische Kräfte, die eine Internationalisierung der norwegischen Stromversorgung befürworten (vgl. Abschnitt 3.2.2).

Als grundlegende Frames finden sich auf norwegischer Seite: Versorgungssicherheit, Strompreisstabilität, neue Geschäftsfelder, Gas als Ausgleichsenergie, Integration in den Binnenmarkt der EU, Ausbau der erneuerbaren Energien und Klima- bzw. Umwelteffekte (vgl. Abbildung 4). Maßgeblich für den Ausbau von Übertragungskapazitäten mit Kontinentaleuropa sind Einkünfte, die sich aus dem Stromhandel mit sich stündlich ändernden Preisen zwischen den Energiesystemen des Nordens und denen Mitteleuropas ergeben können. Gleichzeitig werden gerade die energetisch genutzten

---

[111] Diese Feststellung wird auch von einigen Interviewpartnern gestützt, die keine deutschen Koalitionen in dem Fall ausmachen konnten, vgl. Mitarbeiter BMU 10.07.2012 mdl.; Hansen 31.07.2012 mdl.

[112] Weiterführend dazu, vgl. Abschnitt 4.4.

thermischen Potentiale in Norwegen durch den Markt für Grüne Zertifikate mit Schweden wachsen und ihrerseits nach Ausgleichsoptionen verlangen (vgl. Abschnitt 3.2.1).

Abbildung 4: Handlungsleitende Frames der norwegischen Akteure[113]

Das energiepolitische Subsystem Norwegens wird, wie in Abschnitt 3.2.2 dargestellt, von einer kleinen Zahl von Hauptakteuren dominiert. Die Advocacy-Koalitionen lassen sich vor allem um die energieintensive Industrie sowie die Stromerzeugungsbranche gruppieren. Dabei fällt auf, dass sich die offiziellen, politischen Signale in Hinblick auf Interkonnektoren nach Europa seit dem Wechsel an der Spitze des OED tendenziell verändert haben: Borten Moe nahm anfangs eine klar restriktivere Position als sein Vorgänger Riis-Johansen ein. Nichtsdestotrotz haben sich ministerielle Akteure in Norwegen bis Anfang 2012 sehr ambivalent gegenüber Seekabelprojekten verhalten, sodass sie nur schwer in eine Koalition einzuordnen sind.

Innerhalb der norwegischen Regierungskoalition bestehen klare Differenzen über energiepolitische Zielsetzungen. So bevorzugte die Arbeiterpartei, die Exploration von Erdöl und -gas voranzutreiben. Die beiden Koalitionspartner hingegen wollen Umweltthemen und Fischerei in den Vordergrund ihrer Politik stellen (vgl. Economist Intelligence Unit 2012, 4). Alle Beteiligten haben ein starkes Interesse daran,

[113] Eigene Darstellung.

Arbeitsplätze in energieintensiven Industrien zu erhalten, die von niedrigen Strompreisen abhängen (vgl. SEFEP 2012, 17; Abschnitt 3.2.2.2).

Energieminister Borten Moe wollte die externe Nachfrage nach Gas als Ausgleichsenergie nicht gefährden und unterstützte daher bis Ende 2011 die Position der Petroleumindustrie (vgl. Jørgensen 09.09.2011). Er warnte vor hohen Investitionskosten für den Netzausbau mit entsprechend negativer Auswirkungen auf die Umwelt, sollten die an der norwegischen Südküste anlandenden Seekabel mit dem norwegischen Stromnetz und Reservoirs verbunden werden (vgl. ebd.)[114]. Dieses Argument fiel jedoch nicht mehr so stark ins Gewicht, seitdem die Nutzung norwegischer Wasserspeicher für Kontinentaleuropa nicht mehr als kurz- oder mittelfristiges Ziel galt. Moes Vorgänger, Terje Riis-Johansen, dagegen befürwortete Kabelprojekte grundsätzlich, wollte aber keine privatwirtschaftlich betriebene Leitung wie NorGer in Norwegen angelandet wissen (vgl. Sprenger 11.11.2009). So ließ Moes Staatssekretärin Eli Blakstat verlautbaren, dass Norwegen von Stromexporten aus anderen Ländern abhängig und noch immer dieselbe Regierungskoalition an der Macht sei. Die angedachten Projekte könnten daher weiterverfolgt werden (vgl. Lindberg 2012, 51).

Im Laufe des Jahres 2012 änderte Minister Moe seine Haltung gegenüber Interkonnektoren: Die neuen Pläne von Statnett, zuerst jeweils einen Interkonnektor nach Deutschland und Großbritannien zu bauen, bezeichnete er als realistisches Ziel für die nächsten zehn Jahre (vgl. ebd., 52). In einem Gespräch mit der FAZ sagte Moe, dass man mit den Seekabeln in Bezug auf die energieintensive Industrie *„die Versorgungssicherheit [...im norwegischen] Stromnetz erhöhen“* wolle (Baltzer 27.07.2012). Dabei sei entscheidend, dass sich die Projekte für Norwegen *„lohnen“* (ebd.). Tatsächlich sah er in dieser Haltung keinen Widerspruch zu seinen Plänen, weiterhin vermehrt Erdgas nach Deutschland zu exportieren; es gehe *„schließlich darum, den Kohlendioxidausstoß zu senken“*, daher sei er *„optimistisch, was die künftige Bedeutung von Erdgas für die Stromerzeugung angeht“* (ebd.). Ein Projekt wie Nord.Link, das durch den norwegischen Staat und TenneT finanziert würde, zog auch Borten Moe vor, weil als Partner ein Staatskonzern und nicht ein Konsortium, das aus *„vielen kleinen privaten Partner[n] aus Norwegen und der Schweiz“* bereitstehe (ebd.; vgl. Abschnitt 3.2). Die deutsche Botschaft in Oslo vermutete, dass die saisonale Knappheit von Strom aus Wasserkraft in den letzten Jahren möglicherweise zu

[114] Zu den Auswirkungen von PSW auf die Umwelt, vgl. CEDREN 2011d.

einem Umdenken der norwegischen Regierung geführt habe: Hohe Strompreise hätten aufgrund des hohen Verbrauchs innenpolitisch wie sozial eine hohe Bedeutung (vgl. Deutsche Botschaft Oslo 14.12.2010, 2)[115].

4.2.2.1 Pro-Internationalisierung

Die Advocacy-Koalition, die sich eindeutig für den Ausbau der Seekabel mit Kontinentaleuropa aussprach, wurde von Unternehmen und Verbänden vertreten, die selbst stark in die Stromproduktion oder -durchleitung involviert sind. Für sie waren die Frames Preisstabilität und Marktintegration am erheblichsten. Dabei meint Strompreisstabilität in diesem Fall, dass sich die Konzerne der Energiewirtschaft durchgehend höhere Gewinne aus Internationalisierung der norwegischen Stromversorgung erhoffen[116]. Zu stark dürften die Preise allerdings auch nicht ansteigen, da sie ansonsten ihre privaten und industriellen Kunden verlieren könnten (vgl. SEFEP 2012, 16). Sie unterstrichen, dass die Interkonnektoren der Versorgungssicherheit nutzen und die Strompreiskurve glätten würden. Gleichzeitig sahen sie die Verbindungen als Mittel an, um trotz des zunehmenden Ausbaus fluktuativer Erzeugungskapazitäten im eigenen Land ein ökonomisch sinnvolles Vertriebskonzept aufrechterhalten zu können (vgl. Econ Pöyry & Thema Consulting Group 2010, 1). Auch argumentierten die Stromproduzenten, dass der durch den Markt für Grüne Zertifikate erzwungene Zubau an erneuerbaren Erzeugungskapazitäten sich nicht lohnen würde, wenn keine ausreichenden Austauschmöglichkeiten über Interkonnektoren erschlossen würden (vgl. ebd.)[117]. Klima- und Umwelteffekte betrafen die Unternehmen nur peripher, da das norwegische Parlament bis dahin keine konkreten, sektoralen Klimaziele verabschiedet hatte (vgl. Abschnitt 3.2.1).

---

115 Dabei würden Stromkabel mit begrenzter Kapazität zusätzlich den Verkauf von Erdgas erlauben (vgl. Mitarbeiter BMU 10.07.2012 mdl.).

116 Netzbetreiber in den nordischen Ländern argumentierten allgemein, dass der Zubau von Übertragungskapazitäten mit dem europäischen Ausland „*welfare economically profitable*" sei, Econ Pöyry & Thema Consulting Group 2010, 1.

117 Agder Energi schlug aufgrund des Zertifikatemarktes in der Zeitung ‚Dagens Næringsliv' vom 16.12.2011 ein eigenes Ministerium für nicht-fossile Energie vor, da der derzeit zuständige Energieminister, Borten Moe, sich dem Unternehmen zu Folge zu stark auf die Exploration von Öl und Gas fokussiere, vgl. Nysted 16.11.2011.

Der Vorstandsvorsitzende des Industrieverbandes Energi Norge, Oluf Ulseth[118], äußerte sich in einem Zeitungsinterview im September 2011 positiv zu den Seekabelverbindungen zwischen dem europäischen Festland und Norwegen: Der Prozess solle schnell angestoßen und nicht verzögert werden. Die ökonomischen Bedenken der Norweger hielt er für nicht angebracht, da es Analysen gäbe, die zeigten, dass der Strompreis durch die Einbindung von Interkonnektoren in das norwegische Stromnetz nur marginal steigen, die Versorgungssicherheit sich erhöhen und die Strompreiskurve sich glätten würde. Vielmehr befürchtete er, dass die Kontinentaleuropäer ihre Energieversorgung nicht von einem einzigen Land abhängig machen wollen würden (Absatz vgl. Jørgensen 09.09.2011). Gemeinsam mit den Umweltschutzorganisationen ZERO und ‚Bellona', deren Fokus auf Klimapolitik liegt, trat Energi Norge daher für einen Stromaustausch mit Kontinentaleuropa ein. Ihre Frames waren dabei: Marktintegration und Klimawandel (vgl. Stengel 19.07.2012 mdl.).

Norsk Industri sprach sich im Mai 2012 für eine Mäßigung in der Stromexportpolitik aus (vgl. SEFEP 2012, 25)[119]. Die Mitgliedsunternehmen des Verbandes hätten zum Teil eigene Erzeugungskapazitäten und günstige, langfristige Lieferverträge. Doch könne es sich für einzelne Unternehmen lohnen, im Winter ihre Produktion herunterzufahren und den über die Verträge zugesicherten Strom meistbietend am NordPool Spot zu verkaufen (vgl. Deutsche Botschaft Oslo 14.12.2010, 3). Daher machte sich Norsk Industri für einen Ausbau von in der Kapazität begrenzten Seekabeln stark, da diese aus ihrer Sicht die Versorgungssicherheit des Landes stärken und zu weniger volatilen Preisen führen würden. Trotzdem beobachtete der Verband aufmerksam, wie die Kabelplanungen finanziert und umgesetzt werden sollten (vgl. Stengel 19.07.2012 mdl.)[120].

4.2.2.2 Kontra-Internationalisierung

Internationalisierungskritische Akteure sind sowohl auf staatlicher, privatwirtschaftlicher als auch zivilgesellschaftlicher Seite zu finden. Laut Lindberg (2012, 49f.) habe

[118] Ulseth war ‚Senior Vice President European Affairs' bei Statkraft und kam ursprünglich aus der norwegischen bzw. europäischen Energie- und Industriepolitik. Er arbeitete u.a. für ‚Eurelectrics' und als Staatssekretär im norwegischen Handels- und Industrieministerium, vgl. Wiedemann 2010a.

[119] Diese Haltung entwickelte sich zwischen Sommer 2011 und Frühjahr 2012, vgl. die folgenden beiden Abschnitte.

[120] Für den Verband war interessant, wie die Kosten für Interkonnektoren vom ÜNB umgelegt werden würden, da dies u.U. zu höheren Netzentgelten führen könnte, vgl. Stengel 19.07.2012 mdl.

sich in den letzten Jahren aufgrund steigender Preise auf dem Strommarkt der Fokus ein wenig verschoben. Es gehe nun mehr um die Garantie stabiler Strompreise und darum, über langfristige Versorgungsverträge Planungssicherheit zu erreichen. Dies sei aber keine einhellige Meinung unter den Akteuren der energieintensiven Industrie (vgl. ebd.). Auf der Kontraseite wurde der Frame Preisstabilität, anders als bei den Befürwortern der Pläne, in Hinblick auf stabile, niedrige Energiepreise gesetzt, da allgemein angenommen wird, dass Interkonnektoren die norwegischen Strompreise in die Höhe treiben werden (vgl. Jørgensen 09.09.2011). Dabei spielte die Petroleumwirtschaft eine entscheidende Rolle. Sie will vor allem Gas als Ausgleichsenergie nach Deutschland verkaufen (vgl. SEFEP 2012, 23). Die Industrie ist aber auf niedrige Strompreise angewiesen. Unterstützung fand sie hierbei bei der norwegischen Bevölkerung, die ebenfalls auf den Erhalt einer preiswerten Stromversorgung drängte (vgl. Abschnitt 3.2.2.2). Diese Haltung veränderte sich langsam zwischen den Jahren 2010 und 2012 (vgl. Deutsche Botschaft Oslo 14.12.2010, 3; Tabelle 4).

So vertrat auch die Gewerkschaft Industri Energi bis zum Dezember 2011 eine klar ablehnende Haltung gegenüber Interkonnektoren in Richtung Kontinentaleuropa (vgl. Industri Energi 24.06.2011). Sie ging so weit, das NVE in einem Offenen Brief aufzufordern, Zulassungsverfahren für Interkonnektoren nach Deutschland einzustellen, da man die Befürchtung habe, dass die Verbindungen die norwegischen Strompreise deutlich steigern und die Füllstände der Reservoirs stark beeinflussen könnten (vgl. ebd.). Durch zunehmend steigende Strompreise verlor das Argument an Schärfe (vgl. Stengel 19.07.2012 mdl.). Mittlerweile sind diese kritisch in die Problemwahrnehmung der Gewerkschaften gerückt (vgl. Deutsche Botschaft Oslo 14.12.2010, 3; Abschnitt 4.2.2.3).

Ein anderer Frame, der sich restriktiv auf den Ausbau von Interkonnektoren auf norwegischer Seite auswirkte, war die starke Naturverbundenheit und der damit einhergehende hohe Organisationsgrad der Bevölkerung in Umweltschutz- und Outdoororganisationen (vgl. Abschnitt 3.2.2.2). Nach Protesten gegen Wasserkraftprojekte in den 1970er und Stromleitungsausbauten in den 2000er Jahren hat sich der Umgang von Regierung und Industrie mit zivilgesellschaftlichen Stakeholdern nicht nur ordnungspolitisch verändert (vgl. CEDREN 2011a; CEDREN 2011c, 4). Da Interkonnektoren unter anderem kurzfristig den Ausbau der Netzinfrastruktur in Süd-Norwegen erzwingen würden, standen die Umweltschutzorganisationen mit Landschaftsschutz-Framing den Projekten eher skeptisch gegenüber. Prominent meldete sich der Dachverband FNF, der über gute Kontakte zu den norwegischen Behörden verfügt, zum Stromthema zu Wort: Man finde es leichtgläubig zu denken, dass Norwegen Europas grüne Batterie werden könnte. Das Land verfüge über ausreichend Energie, um sich selbst zu versorgen. Als Lösung des Problems der jahreszeitlich bedingten Stromlücken schlug der FNF die Steigerung der Energieeffizienz vor (vgl. Lund 15.02.2011)[121].

Die norwegischen Bürger wollen nach wie vor zum einen die Natur erhalten, zum anderen aber auch von niedrigen Strompreisen profitieren. Wasserkraft wird in der öffentlichen Debatte mittlerweile als klimafreundliche Technologie wahrgenommen, sodass sich das Framing zu einer positiveren Wahrnehmung hin verschoben hat (Absatz vgl. Lindberg 2012, 50; Ruud & Knudsen 2011).

Gleichzeitig steht der Mitte-Links Regierung in Norwegen die Opposition im Parlament gegenüber. Die Konservative Partei (‚Høyre') unterstützt lediglich einen nur in begrenzter Form stattfindenden Ausbau des Nordseenetzes (vgl. SEFEP 2012, 24). Die populistische Fortschrittspartei unterstützt dagegen weder Klimaschutzziele noch den Ausbau von Interkonnektoren. Dafür hebt sie immer wieder ihre Forderung nach niedrigen Preisen für Energie hervor (vgl. Lindberg 2012, 51).

4.2.2.3 Initiative vom 6. Dezember 2011

Aufgrund der Spaltung der norwegischen Akteurslandschaft in Fragen der Energiepolitik erschien die im Dezember 2011 durch eine gemeinsame Absichtserklärung gelungene Initiative für eine Seekabelverbindung zwischen Deutschland und Norwegen überraschend. In einem breiten Bündnis zwischen den Industrieverbänden Energi Norge und Norsk Industri, dem Gewerkschaftsbund LO sowie mit Unterstützung des Ministers für Wirtschaft und Handel, Trond Giske[122], wurde ein gemeinsamer Standpunkt zu Interkonnektoren ausgearbeitet. Ihr Ausbau sollten unterstützt werden, wenn sie in Anbetracht klima- und sicherheitspolitischer Herausforderungen sozioökonomische Vorteile brächten, bis Europa neue Ideen zum Klimaschutz gefunden habe (vgl. SEFEP 2012, 18 und Norsk Industri et al. 2011, 3)[123]. SEFEP (2012, 18)

---

[121] Dabei sprach sich der der FNF ebenfalls klar gegen den Ausbau von Wind- und Wasserkraft aus, da durch die dafür notwendigen Neubauten von Erzeugungsanlagen und Stromtrassen die Landschaft zerstört werden würde, vgl. Lund 15.02.2011.

[122] Trond Giske ist seit 2009 für die Arbeiterpartei norwegischer Minister für Wirtschaft und Handel im Kabinett von Jens Stoltenberg, vgl. Storting 2012a.

[123] Damit ist u.a. die forcierte CCS-Technologie gemeint, vgl. Wolff 08.05.2012; Abschnitt 4.3.5.

vermutet, dass aus der Initiative mehrere langfristige Stromabnahmeverträge zwischen der Industrie und den EVUs resultierten, da letztere befürchten mussten, dass ihre Kunden ins Ausland abwandern würden, wenn die Strompreise zu hoch stiegen. Dieser Vorstoß muss als grundlegende Änderung im Energieversorgungspfad Norwegens betrachtet werden, der die norwegische Regierung unter Druck setzen sollte (vgl. ebd., 19). Tatsächlich fehlte aber auch bei dieser Kampagne die Petroleumindustrie, die seit langem einen großen Einfluss auf die Energiepolitik des Landes hat (vgl. Jørgensen 09.09.2011).

Zusammenfassend stellte sich das Bild der Akteure in Norwegen wie in Tabelle 4 gezeigt dar. An den norwegischen Koalitionen zeigt sich deutlich, wie sich Problemwahrnehmungen und Entwicklungspfade einzelner Akteure durch Veränderungen in den externen Faktoren verschieben können. Weiterhin fokussieren Akteure mit ökonomisch ausgerichteten Interessen wie Gewerkschaften und Industrie auf die traditionell von ihnen vertretenen Frames Versorgungssicherheit und Strompreisstabilität. Doch aufgrund gestiegener Strompreise erschienen diese Frames den Handelnden seit Dezember 2011 mit dem Bau von Interkonnektoren vereinbar zu sein. Dieser Wandel manifestierte sich in der gemeinsamen Initiative zwischen Stromwirtschaft, Industrie und Gewerkschaften in Form von Energi Norge, Norsk Industri und LO im Dezember 2011. Mit ihrer gemeinsamen Erklärung wurde ein integraler Bestandteil der Belief Systems einzelner Akteure und ein Entwicklungspfad innerhalb der norwegischen Strompolitik, die Abschottung des heimischen Strommarktes von dem der EU, erneut infrage gestellt und der Weg für weiterführende Verhandlungen zwischen OED und der BRD eröffnet. Auch die im Vergleich zu Deutschland hohe Anzahl von Studien und Forschungsvorhaben kann als hohes Interesse der norwegischen Seite gegenüber den Projekten gewertet werden (vgl. Abschnitte 1.2; 3.2.2.2). Aufgrund dieser Verschiebungen könnte die Tatsache erklärt werden, dass es in Norwegen relativ lange dauerte, bis entschieden war, ob man ein Seekabelprojekt zwischen Deutschland und Norwegen wirklich wolle.

Akteur	Einstellung 2011 und früher[124]	Einstellung 2012	Vorgebrachte Frames
OED	o	+	Versorgungssicherheit, Strompreisstabilität, Wirtschaftlichkeit, Umweltschutz
NVE	-	+	--------
Statkraft	+	+	Marktintegration, Wirtschaftlichkeit, Strompreisstabilität
Statnett	+	+	Versorgungssicherheit, Strompreisstabilität, Wirtschaftlichkeit, Klimaziele, Marktintegration
Petroleumindustrie	-	-	Gas als Ausgleichsenergie
Energi Norge	+	+	Versorgungssicherheit Strompreisstabilität Klimaschutz
Schwerindustrie	o	+	Strompreisstabilität, Versorgungssicherheit
Umweltschutz-organisationen	-	-	Biodiversitätsschutz, Landschaftsschutz
	+	+	Klimaziele
Gewerkschaften	-	+	Strompreisstabilität, Versorgungssicherheit
Bürger	-	o	Strompreisstabilität, Versorgungssicherheit, Umweltschutz, Landschaftsschutz, Klimaziele

Tabelle 4: Einstellungen und Interessen norwegischer Akteure gegenüber Interkonnektoren

Die beiden einzigen Akteursgruppen, die den Ausbau von Seekabeln weiterhin komplett ablehnen, sind die Petroleumindustrie und einige Umweltschutzorganisationen, die ihren Fokus auf Landschaftsschutz richten. Diese sind aber nicht bündnisfähig, da ihre Problemwahrnehmung fundamental divergiert. Zusätzlich versuchte das OED durch den Kompromiss des in begrenztem Maß stattfindenden Ausbaus von Interkonnektoren, beiden Parteien gerecht zu werden, da dieser weiterhin Erdgas als Ausgleichsenergie zulassen und den Netz- und Speicherausbau begrenzen würde. Auch

[124] Legende: - ablehnend, o indifferent/ neutral, + befürwortend.

existiert keine explizit ‚grüne' Partei, die sich für Umweltbelange stark macht (vgl. Steffen 2006, 75ff.).

4.3 Zugang zu Entscheidungsprozessen

Um den Zugang zu Entscheidungsprozessen erläutern zu können, muss zunächst dargelegt werden, an welchen Stellen und wie Akteure an Entscheidungsprozessen partizipieren können. Grundsätzlich existieren zwei Formen: formelle und informelle Teilhabe. Formelle Partizipation ergibt sich aus der Teilnahme einzelner Akteure an offiziellen Verhandlungsrunden, Arbeitsgemeinschaften oder Workshops. Informell nehmen Akteure Kontakt mit Entscheidungsträgern außerhalb dieser Zirkel auf. In Bezug auf den vorliegenden Fall konnten aufgrund des gestellten UIG-Antrags nicht öffentlich zugängliche Unterlagen zu formeller und informeller Kommunikation zwischen staatlichen und nicht-staatlichen Akteuren ausgewertet werden (vgl. Abschnitt 2.2.1). Die Analyse bezieht sich entsprechend der Fragestellung vor allem auf deutsche Akteure.

Der Zugang von Akteuren zu Entscheidungsprozessen zeigt sich unter anderem, wenn diese durch ihre gezielte Lobby-Arbeit mittels Positionspapieren, E-Mails, Telefonaten oder informellen Treffen, die öffentlichen Stellen dazu bewegen, bestimmte Positionen aufzunehmen (vgl. Corbach 2007, 68f.). So wurde zum Beispiel für die Gespräche zum Energiekonzept der Bundesregierung im September 2010 seitens des Referats KI III 3 des BMU ein Vermerk angefertigt, der fast ausschließlich Daten enthielt, die Statnett und Statkraft auf einem Workshop im Juli desselben Jahres präsentiert hatten (vgl. Bischoff 10.09.2012; Abschnitt 4.3.4). Der Fall der Seekabelverbindungen weist jedoch auch interessante Unterschiede zu anderen politischen Prozessen im Infrastrukturbereich auf; zwar interessierten sich die nicht direkt betroffenen EVU und Netzbetreiber für die Seekabelprojekte, doch nur wenige Akteure brachten sich proaktiv in den Verhandlungsprozess ein (vgl. u.a. Schramm 25.11.2010; Abschnitt 4.2.1).

4.3.1 Arbeit der H&H Consulting

Der Großteil der Kommunikation der NorGer KS mit öffentlichen Stellen wurde in Deutschland über die Beratungsgesellschaft H&H Consulting abgewickelt (vgl. Abschnitt 3.1.2.3). Dementsprechend erscheint dieser Akteur in Form von Consultant Matthias Hochstätter verhältnismäßig häufig in den mittels UIG-Antrags eingesehenen Schriftstücken. Dies ist ein Anzeichen dafür, dass sich die Beratungsfirma einen exklusiven Zugang zu Entscheidungsträgern verschafft hatte. Im Folgenden werden einige Beispiele für die Interaktion zwischen Ministerien und Hochstätter aufgezeigt.

In seiner ersten Anfrage an AL Rid (Abteilung KI des BMU) im Januar 2010 bat der Consultant um einen Termin, um Fragen betreffend des Planfeststellungsverfahrens, der KraftNAV, der juristischen Definition von Interkonnektoren sowie der Anbindung von NorGer an das Umspannwerk des AKW Unterweser, das Transpower *„aus technisch nicht nachvollziehbaren Gründen"* ablehnte, zu klären (NorGer KS 26.02.2010). Hochstätter forderte das BMU dazu auf, Hilfestellung zu geben (vgl. ebd.; Abschnitt 4.1.2). Zu diesen Fragen erstellte die NorGer KS ein Positionspapier, das sowohl BMU, BMWi und niedersächsischen Stellen vorlag. Darin wurden die den Behörden vorgetragenen Probleme vertieft dargestellt (vgl. NorGer KS 26.02.2010). Das BMU reagierte interessiert; der zuständige Referent, Thorsten Falk[125], schrieb an AL Rid: *„Auf jeden Fall sollte das BMU solche Initiativen mit unterstützen"* (Falk 04.02.2010a). Er regte neben dem informellen Gespräch mit der NorGer KS eine Ministervorlage zum Thema an, da das Nordseenetz aus Sicht von AL Rid *„eine Aufgabe höchster Priorität"* war (Birkner 13.04.2010). Tatsächlich existierte bis Anfang 2010 keine Vorlage zum Thema Interkonnektoren im BMU (vgl. Falk 04.02.2010b). Dieser Umstand lässt darauf schließen, dass sich das Ministerium hiermit nicht beschäftigt hatte und erst aufgrund des Schreibens Hochstätters damit begann.

Auch bei der niedersächsischen Landesregierung wurde die H&H Consulting im Februar 2010 vorstellig. Im Zuge dessen hatte am 25.02.2010 ein Gespräch mit Umweltministerium, MELV und der NorGer KS in Hannover stattgefunden, in dem das Konsortium wiederum um politische Hilfestellung nachsuchte (vgl. Birkner 13.04.2010, 2). Umweltstaatssekretär Stefan Birkner wandte sich danach schriftlich an Jochen Homann, der noch immer als Staatssekretär im BMWi tätig ist (vgl. BMWi 2012b). Birkner bat in dem Schreiben um die Hilfe Homanns bei der *„Klärung der im Zusammenhang mit dem NorGer-Projekt aufgeworfenen bundesrechtlichen und eu-*

---

125 Torsten Falk war Referent im BMU und arbeitet nun als Bevollmächtigter der Stiftung Offshore-Windenergie, die 2005 unter Moderation des BMU gegründet wurde, vgl. Stiftung Offshore-Windenergie 2012a; 2012b.

roparechtlichen Fragen" (Birkner 13.04.2010, 3). Vor allem die norwegische Energiedoktrin *„entspricht nach unserer Auffassung keinesfalls dem Ziel der EU[,] einen wirksamen Wettbewerb auf dem Energiemarkt zu schaffen und kann das Projekt akut gefährden*" (ebd.). Gleichzeitig würde die fehlende rechtliche Definition von Interkonnektoren das Projekt behindern. Bereits hier fällt auf, dass die niedersächsische Ministerialbürokratie begann, die Rhetorik der NorGer KS zu übernehmen.

In Bezug auf die Deregulierung des NorGer-Kabels wandte sich die NorGer KS seit 2009 auch an die BNetzA (vgl. BNetzA 31.05.2010). Von Seiten der Behörde wurde den Wünschen der Investoren weitestgehend entsprochen, indem sie dem Antrag im November 2010 stattgab. Dennoch bekam das Konsortium keine Zulassung in Norwegen (vgl. Abschnitt 4.1.2). Der Lobbyist Hochstätter behauptete dennoch, dass in der Beschlusskammer IV der BNetzA ein Mitarbeiter von Transpower beziehungsweise TenneT als Beisitzer säße, der die Verhandlungen störe (vgl. Hochstätter 26.10.2010). Vorsitzende und Beisitzer der Beschlusskammern der Behörde aber sind Beamte (vgl. § 59 Abs. 2f. EnWG)[126]. Die Behauptung Hochstätters muss folglich als ein Angriff auf die Integrität der Agentur gewertet werden. Tatsächlich wird TenneT als betroffenes Unternehmen nach §§ 66-71 EnWG an den Verhandlungen beteiligt worden sein, konnte so alle Akten, die keine Unternehmensgeheimnisse enthielten, einsehen und eine eigene Stellungnahme zu dem Fall abgeben.

Zu den Verhandlungen zwischen DG Energy, BNetzA und OED im März 2011 existiert ein von der NorGer KS angefertigtes Memorandum, das als Positionspapier des Konsortiums verstanden werden muss. Darin unterstellte die NorGer KS Statnett, dass *„Nord.Link [...] nur ein norwegisches Alibi [ist], um NorGer den Zugang nach Norwegen zu verweigern*" (NorGer KS 31.03.2011, 1). De facto gäbe es *„noch kein Nord.Link-Projekt*" in Deutschland (ebd.)[127]. Weiter beschwerten sich die Investoren, dass die *„Energie-Doktrin Norwegens [...] eine privatwirtschaftliche Beteiligung am Energiesektor nicht zu[-lasse], obwohl Norwegen als EFTA-Mitglied*[128] *alle EU-Richtlinien zum Energie- und Binnenmarkt umgesetzt hat*" (ebd.)[129]. Hochstätter warf

[126] Vgl. Rechtsquellenverzeichnis BRD.

[127] Diese Aussage ist nicht ganz richtig, vgl. Abschnitt 3.4.

[128] Gemeint ist die ‚European Free Trade Area', vgl. EFTA 2011.

[129] Auch das stimmt nicht. Laut Hansen (31.07.2012 mdl.) bestand das Problem darin, dass Norwegen das Dritte Binnenmarktpaket bis dahin nicht umgesetzt hatte.

erneut ein, dass es *„für eine politische Lösung des Problems [... möglicherweise] noch nicht zu spät"* sei (Hochstätter 07.04.2011)[130].

Zusätzlich wurde seitens der NorGer KS die fehlende Definition von Interkonnektoren nach KraftNAV als problematisch angesehen (vgl. §§ 1; 2 KraftNAV). Intern wurde im BMU die Problematik der Rechtsunsicherheit durch Einwände Hochstätters wahrgenommen (vgl. Hochstätter 26.10.2010). Man kam allerdings in BMU und BMWi zu dem Schluss, dass eine vorrangige Einspeisung des NorGer-Kabels nach EEG unangemessen sei, da norwegischer Wasserstrom keine finanzielle Unterstützung Deutschlands benötige und andere, konventionelle Kraftwerke dadurch benachteiligt würden (vgl. Hinsch 14.02.2011; Deutscher Bundestag 18.02.2011, 31). Das Wirtschaftsministerium glaubte zu jener Zeit, dass es der NorGer KS in Bezug auf die rechtliche Sicherheit besonders auf die in der KraftNAV festgehaltenen Baukostenzuschüsse ankomme (vgl. Hochstätter 26.10.2010)[131].

H&H Consulting wurde im Mai 2011 mit einem weiteren Problem bezüglich NorGer beim BMU vorstellig: Hochstätter beschwerte sich darüber, dass im Zuge des zu ändernden AtG[132] frei gewordene Netzanschlusskapazitäten *„noch zwei Jahre nach Stilllegung [der Kraftwerke] Gültigkeit"* hätten (Hochstätter 11.05.2011). Dies würde dazu führen, dass *„die faktisch freien (und redundant angelegten!) Netzkapazitäten auf zwei Jahre blockiert [...sind], was alternative Neu-Anschlüsse, Anschluss-Zusagen bzw. Kraftwerksplanungen be- oder verhindern würde"* (ebd.). Im Fall des NorGer Kabels bezog sich dies auf das AKW Unterweser, dessen Berechtigung zum Leistungsbetrieb mit Änderung des § 7 AtG im Juni 2011 erlosch. Dabei *„war und ist es das Ziel, das NorGer-HGÜ-Kabel (1.400 MW) beim Umspannwerk des AKW Unterweser (1.400 MW) an das deutsche 380-kV-Netz*[133] *anzuschließen, falls das AKW stillgelegt wird"* (ebd.). Hochstätter fordert daher das BMU dazu auf, *„in einer AtomG-Novelle [sic!] eine Regelung zu treffen, wodurch bei einer AKW-Stilllegung die Netzanschlusszusagen sofort hinfällig werden bzw. die zugeordneten Netzkapazi-*

[130] In der Presse kursierte in jener Zeit die Meldung, dass die DG Energy den Antrag der NorGer KS bereits im Februar 2011 mit der Begründung zurücknahm, es habe nur mangelhafte Absprachen zwischen der BNetzA und dem norwegischen Energieministerium gegeben, vgl. EGL 26.08.2011; Skudelny 24.02.2011; Sprenger 11.11.2009. Tatsächlich endete das Zulassungsverfahren mit der Rücknahme des Antrags durch die NorGer KS, vgl. Abschnitt 4.1.2.

[131] Laut BMWi wich die NorGer KS erst Anfang 2011 von dieser Forderung ab, vgl. Hinsch 14.02.2011.

[132] Vgl. Rechtsquellenverzeichnis BRD.

[133] Gemeint ist das Hochspannungsnetz von TenneT.

täten mit sofortiger Wirkung frei zu geben sind" (ebd.). Die NorGer KS hielt den Einspeisepunkt Unterweser aus zwei Gründen für ideal: Erstens gäbe es von Seiten der Gemeinde Moorriem Protest gegen das dort geplante Umspannwerk und zweitens existiere am AKW-Standort bereits eines mit Einspeisepunkt in das Hochspannungsnetz (vgl. ebd., 2). Das BMU ging in Bezug auf den durch das Beratungsunternehmen H&H Consulting vorgebrachten Vorschlag davon aus, dass *„bei aufgrund gesetzlicher Anordnung dauerhaft stillgelegten KKW*[134] *die vertraglichen Vereinbarungen zwischen KKW-Betreibern und ÜNB über den Netzanschluss ‚ausgehebelt' wären"* und daher *„kein Handlungsbedarf"* bestehe (Ralf Becker 17.05.2011).

Weiterhin versuchte sich die NorGer KS im selben Monat in den laufenden Prozess der Ausarbeitung des EEG-Erfahrungsberichtes des Jahres 2011 einzubringen. Im BMU wurde diese Vorgehensweise kritisch als Versuch der Erstellung einer *„Lex NorGer"* gesehen, die *„einem Masterplan Offshore vorgreifen"* würde (Falk 16.05.2011). Offensichtlich wurde eine weitreichende Einflussnahme seitens der NorGer KS unterbunden (vgl. Bundesregierung 2011, 12).

Ende Mai 2011 meldete sich die NorGer KS erneut bei BMWi und BMU, um eigene Vorschläge hinsichtlich der Entwicklung des NABEG vorzutragen. So war Hochstätter vor allem an Punkt vier des vorab veröffentlichten Eckpunktepapiers des Wirtschaftsministeriums, *„Förderung grenzüberschreitender Stromverbindungen"*, interessiert (BMWi 2011, 2). Er meinte, dass *„eine klare Definition für Interkonnektoren und damit Abgrenzung zu ÜNB bzw. Kraftwerken [...] etwa in den Begriffsbestimmungen in EnWG § 3 möglich"* wäre (Hochstätter 20.05.2011). Der vom BMWi dazu gemachte *„Änderungsvorschlag [...] kann allerdings aus Sicht von NorGer so ausgelegt werden, dass die Betreiber von Verbindungsleitungen zwingend als Übertragungsnetzbetreiber zu qualifizieren sind. [...] Eine solche Auslegung könnte daher das Interesse [...] potentieller Investoren in Verbindungsleitungen unnötigerweise stark einschränken und konterkariert damit das ausdrückliche Ziel der EU, auch private Investoren für den Bau von Verbindungsleitungen zu gewinnen"* (NorGer KS 27.05.2011, 1). Das Konsortium schlug daher eine Änderung dieser Formulierung im EnWG vor (vgl. ebd.). Dieser Vorstoß wurde nicht übernommen (vgl. § 3 Abs. 32 EnWG)[135].

---

[134] Gemeint sind Kernkraftwerke.

[135] Vgl. Rechtsquellenverzeichnisse BRD und EU.

Die Arbeit Hochstätters endet mit der Übernahme des Konsortiums durch Statnett. Seitdem wurde für das NorGer-Projekt keinerlei Lobbyarbeit mehr betrieben (vgl. Abschnitt 4.1.2).

4.3.2 Arbeit der Prognos AG

Im Oktober 2010 meldete sich Prognos im Auftrag von Nord.Link erstmals beim BMU. Die Beraterin Helma Dirks legte in einer E-Mail das Projekt dar und bat AL Rid um einen Termin. Dieser stimmte einem Treffen grundsätzlich zu und forderte eine Stellungnahme der Unterabteilung KI III zu dem Thema an (vgl. Dirks 08.10.2010)[136]. Das Referat KI III 3 verfasste einen Vermerk, in dem das durch Dirks vorgeschlagene Gespräch mit Vertretern von Statnett und Prognos mit Herrn Rid empfohlen wurde. Die Unterredung sollte unter anderem klären, wie sich die Projekte NorGer und Nord.Link zueinander verhielten (vgl. Bischoff 14.10.2010, 1).

Helma Dirks nahm im April 2011 erneut Kontakt zum BMU auf, um einen Termin im Hause zu vereinbaren, im Zuge dessen sie über den Stand der Projektplanung informieren wollte (vgl. Dirks 26.04.2011). Die E-Mail enthielt auch ein in der Zwischenzeit angefertigtes Positionspapier zur energiewirtschaftliche Begründung von Nord.Link. Dirks unterstrich darin: „*Der Zeitpunkt der Inbetriebnahme [des Kabels] ist von Statnett auf das Jahr 2016 vorgezogen einschließlich einer rund dreijährigen Bauzeit. Das macht deutlich, dass die Planung mit Hochdruck verfolgt wird*“ (ebd.). Das Interesse für Anhörungstermine und Planungen hielt sich sowohl von Seiten der Anwohner wie auch der Presse in Grenzen.

Für Nord.Link wurde ab Ende 2011 gezielte Lobbyarbeit betrieben, seit die Frage bestand, ob das erste von Statnett gebaute Kabel nach Deutschland oder Großbritannien führen würde. Prognos schrieb unter anderem Abgeordnete an, die sich dann beim BMU meldeten, um Auskünfte zu bekommen. Dabei wurde auch für KfW-Beteiligung an Nord.Link geworben (vgl. Mitarbeiter BMU 10.07.2012 mdl.).

Im Vergleich zu Hochstätter beschäftigte sich Dirks eine kürzere Zeit lang mit dem Seekabelthema. An der Länge der beiden Abschnitte über das Handeln der Consultants Hochstätter und Dirks lässt sich erkennen, dass die Arbeit von Prognos weniger aggressiv verlief, als die von H&H Consulting. Auffällig ist dabei vor allem, dass

[136] Auf der vorliegenden Kopie befindet sich ein handschriftlich vermerkter Gesprächsverlauf zwischen einer Mitarbeiterin des BMU und AL Rid, der dies belegt, vgl. Dirks 08.10.2010.

Dirks Bemühungen kaum auf Widerstand trafen, da sie beispielsweise zu keinem Zeitpunkt versuchte, ein Gesetz oder eine Verordnung zu ändern und sie sich um einen Dialog mit den betroffenen Bürgern bemühte (vgl. Prognos AG & Statnett 17.02.2012). Andererseits warb sie seit Anfang 2012 für eine Beteiligung der KfW am Nord.Link-Kabel, die ursprünglich als unrealistisch einzuschätzen gewesen war (vgl. Abschnitt 4.4.2). Dies änderte sich jedoch im Laufe des Frühjahres 2012 (vgl. Abschnitt 4.3.3).

4.3.3 Arbeit von TenneT Deutschland

Für TenneT Deutschland gab es in Hinblick auf die Seekabelverbindungen zwei wichtige Punkte zu klären: Zum einen musste man sich der Akzeptanzfrage an der Anlandestelle widmen. Zum anderem war das Unternehmen mit seiner unsicheren Kapitalausstattung seit November 2011 öffentlich geworden.

Um die Akzeptanz für das Umspannwerk in Moorriem zu erhöhen, organisierte TenneT Informationsabende und Expertengespräche in Landkreisen und Gemeinden, die vom Anschluss des Seekabels NorGer betroffen sein würden. Man traf sich aber auch zu bilateralen Gesprächen mit Vertretern der Bürgerinitiativen vor Ort (vgl. Mitarbeiter TenneT 10.08.2012 mdl.). Aufgrund des Umfangs des Projektes konnte TenneT in Moorriem allerdings keine Akzeptanz für den Bau der Konverterstation bei den Bürgen erreichen. Dies bedeutet allerdings nicht, dass diese das Vorhaben der NorGer-KS komplett ablehnten (vgl. Abschnitt 4.2.1).

Das größere Problem, die fehlende Kapitalausstattung des Unternehmens, welche die Anbindung der OWP vor der deutschen Küste zu verhindern drohte, versuchte TenneT zunächst durch öffentliche Äußerungen und im November 2011 schließlich mit einem ‚Brandbrief‘ der deutschen Geschäftsführung an Bundeskanzleramt, BMWi, BMU und BNetzA zu lösen. Ein Vertreter von TenneT erklärte bereits im Juli 2011 im Zuge der Arbeitsgruppe ‚Offshore-Netzanbindung‘ des BMU, die im Rahmen der ‚Plattform Zukunftsfähige Energienetze‘ (kurz: Netzplattform) des BMWi stattfindet, in einer Präsentation, dass „*die Pläne der Bundesregierung [...] nur mit planvollem Vorgehen umsetzbar*“ seien (TenneT 28.07.2011, 4)[137]. Der Konzern war nach eigenen Angaben für den Anschluss der OWP bereits Investitionsverpflichtungen von

[137] Eine Studie der Stiftung Offshore-Windenergie kam zu dem Schluss, dass „*bei ÜNB und Herstellern [...] grundsätzlich Kapazitätsengpässe im Bereich Projektmanagement und Betreuung [...sowie] von Produktionskapazitäten*“ bestünden, Falk 20.01.2012, 3.

über 5 Mrd. Euro eingegangen. Weitere 15 Mrd. Euro könnten nach derzeitigem Stand noch dazukommen (vgl. Mitarbeiter TenneT 10.08.2012 mdl.)[138]. Das Vorhaben scheitere an „*fehlenden finanziellen, personellen und materiellen Ressourcen aller Beteiligten*" (TenneT 07.11.2011)[139].

Die Arbeit von TenneT zeigte in diesem Punkt Wirkung. Um die Kapitalengpässe des Unternehmens abzufedern und ein sicheres Investitionsklima für Statnett zu schaffen, wurde im März 2012 eine temporäre Beteiligung der KfW an TenneT beziehungsweise seinen Projekten im Rahmen der AG ‚Offshore-Netzanbindung' angeregt (vgl. Stiftung Offshore-Windenergie 2012c, 9)[140]. Dazu wäre TenneT durchaus bereit (vgl. Abschnitt 4.2.1)[141]. Dies öffnete ein bis dahin nicht vorhandenes Window of Opportunity für den Bau eines Kabels zwischen Norwegen und Deutschland unter Beteiligung der KfW.

4.3.4 Workshops und Konferenzen

Zwischen 2010 und 2012 fanden Workshops, Konferenzen und Treffen statt, bei denen sich die Akteure austauschen konnten. Unter anderem organisierten öffentliche Stellen wie das BMU sowie die norwegische und britische Botschaft in Berlin solche Veranstaltungen. Entscheidende Treffen werden im Folgenden in chronologischer Reihenfolge vorgestellt.

H&H Consulting organisiert laut eigener Aussage in regelmäßigen Abständen so genannte „*Kaminabende*" zu aktuellen Themen (Hochstätter 09.06.2010). Für eine Veranstaltung Ende Juni 2010 versuchte Hochstätter Referenten aus BMWi und BMU anzuwerben, nachdem seine eigentlich vorgesehenen Gäste Joachim Pfeiffer und Ma-

---

138 Das Netz, das TenneT im Jahr 2009 erwarb, habe demgegenüber lediglich einen Eigenkaptalwert von etwa 885 Mio. Euro, vgl. TenneT 07.11.2011. Der Kaufwert des Netzes lag im Jahr 2009 bei 1,1 Mrd. Euro, vgl. Tagesschau.de 10.11.2009.

139 BMWi und BNetzA prüfen derzeit, inwieweit der niederländische Staat trotzdem den Tochterkonzern mit dem nötigen Kapital ausstatten muss, vgl. BMU 28.11.2011; Abschnitt 3.1.2.2.

140 Die AG besteht aus den ÜNB 50Hertz und TenneT, Komponentenherstellern, OWP-Betreibern, der Versicherungsbranche, den Interessensverbänden BDEW, BWE und ‚Offshore-Forum Windenergie' sowie Vertretern der Bundesbehörden BMWi, BMU, BSH und BNetzA, vgl. Stiftung Offshore-Windenergie 2012c, 4.

141 Die Gründung einer Gleichstromübertragungsgesellschaft, in der die vier ÜNB gemeinsam HGÜ-Leitungen bauen und betreiben, wurde von TenneT im Rahmen der Konsultationen zum Netzentwicklungsplan beworben. So würde die Last, die durch den Ausbau der erneuerbaren Energien auf die Netzbetreiber zukommt, gleich verteilt werden, vgl. Mitarbeiter TenneT 10.08.2012 mdl.; Abschnitt 3.1.1.2.

ria Flachsbarth[142] (beide MdB CDU) aufgrund der Wahl des Bundespräsidenten absagen mussten. Der Consultant warb für seine Veranstaltung mit der Nennung des hochrangigen Teilnehmerkreises, wie den Vorständen von ‚Lichtblick', 50Hertz, NorGer KS, der DUH und RWE Innogy (vgl. ebd.). Das Referat KI II 3 zeigte sich an einer Teilnahme interessiert (vgl. Falk 10.06.2010).

Um die Planung der Seekabel voranzutreiben, begann das BMU im Juni 2010 damit, in Absprache mit dem Außenministerium Norwegens für Juli desselben Jahres einen deutsch-norwegischen Workshop hinsichtlich *„Stromnetzverbindungen, Speicher und Offshore-Windenergie"* zu organisieren (Schlegelmilch 12.06.2010). Laut Teilnehmerliste wurden zu der Veranstaltung knapp 30 Vertreter von privaten wie öffentlichen Stellen aus beiden Ländern eingeladen; unter anderem von Statkraft, Statnett, Innovation Norway, der norwegischen Botschaft in Berlin, BMU, BMWi, UBA, BNetzA, des ‚Naturschutzbundes Deutschland', SRU, Öko-Institut, des ‚Verbands Deutscher Maschinen- und Anlagenbau' und BWE (vgl. Bischoff 02.07.2010, 3). Die Vertreter norwegischer Stellen und des BMU trafen sich bereits vormittags zu einer internen Veranstaltung. Alle anderen kamen nachmittags hinzu. Der öffentliche, zweite Teil des Workshops wurde hauptsächlich durch Statnett und Statkraft bestritten, die ein Forum bekamen, ihre Sicht in Präsentationen darzulegen (vgl. ebd., 2). Ein Ergebnis der Konferenz war, dass Norwegen offensichtlich *„primär aufgrund des Bedürfnisses nach Energiesicherheit"* großes Interesse an Seekabelprojekten hatte (vgl. Bischoff 23.09.2010, 13).

In Vorbereitung auf die deutsch-norwegische Energiekonferenz, die im Dezember 2010 unter Schirmherrschaft der norwegischen Botschaft in Berlin stattfinden sollte, traf sich AL Rid mit dem Sonderbeauftragten für Energie- und Klimafragen im norwegischen Außenministerium, Botschafter Leiv Lunde, am 01.10.2010. Es sollte den Akteuren eine *„Plattform zum Erfahrungsaustausch sowie für effektives Networking geboten"* werden (ebd., 2). Bereits in der Vorbereitung auf dieses Ereignis tauchten in einigen Vermerken des BMU erneut von Statkraft herausgegebene Positionen auf (vgl. ebd., 5). Im Rahmen der Energiekonferenz traf UAL Schafhausen (BMU) am 01.12.2010 eine norwegische Delegation aus dem OED, dem Außenministerium und der Botschaft in Berlin (vgl. BMU 01.12.2010). Dabei sollte er hinsichtlich der See-

---

[142] Flachsbarth ist ordentliches Mitglied im Ausschuss für Umwelt, Naturschutz und Reaktorsicherheit, seit 2004 stellvertretende Vorsitzende der niedersächsischen CDU und seit 2006 auch Vorsitzende des CDU-Bezirksverbands Hannover, vgl. Deutscher Bundestag 2012b.

kabelverbindungen folgende Punkte betonen: Das BMU wolle Statkraft und Statnett im kommenden Jahr erneut einladen und mit *„potential investors"* zusammenbringen, um den Projekten so politische Rückendeckung zu verschaffen (ebd., 3)[143]. Damit sollte Schafhausen die Bereitschaft Deutschlands hervorheben, die Interkonnektoren zu bauen (vgl. ebd.).

Im März 2011 fand in den nordischen Botschaften in Berlin eine englischsprachige Konferenz unter dem Titel *„Opportunities for a regional energy market. Case study: North Sea Super Grid Initiative"* statt, die von der norwegischen und der britischen Botschaft in Berlin ausgerichtet wurde (Dubbers 06.12.2010). Sie zielte auf Entscheidungsträger von Netzbetreibern, EVU, Regierungen, Regulatoren, NGOs und Think Tanks mit Redebeiträgen aus Großbritannien, Norwegen und Deutschland ab. Teilnehmer waren unter anderem Statnett, Statkraft, das OED, die BNetzA sowie das britische ‚Department of Energy and Climate Change' (vgl. ebd.). Diese Konferenz war die erste und einzige in Deutschland stattfindende Kooperation zwischen Norwegen und Großbritannien bezüglich des Netzausbaus in der Nordsee.

Ende November 2011 richteten die norwegische Botschaft und Innovation Norway den breit angelegten Workshop *„Mastering Green Energy Market Challenges. Perspectives for Germany and Norway"* in Berlin aus (Norwegische Botschaft & Innovation Norway 25.11.2011). Teilnehmer waren laut Teilnehmerliste unter anderem Vertreter von Alstom, dem Auswärtigen Amt, der Botschaft der Niederlande, des BMU, den Grünen, norwegischer Zeitungen, E.ON, Energi Norge, der Entwicklungsgesellschaft Brunsbüttel, Lichtblick, des niedersächsische Ministerium für Umwelt und Klimaschutz, des OED, RWE, SRU, Siemens, Statkraft, Statnett, TenneT, UBA und des Weltenergierats Deutschland (vgl. ebd.). An dieser Veranstaltung fällt die Beteiligung offizieller niederländischer Vertreter besonders auf.

Im Juni 2012, kurz vor der Einigung zwischen dem BMWi und Statnett, organisierte Herr Pfeiffer eine *„Informationsveranstaltung"* der CDU/ CSU-Fraktion mit Vertretern von Statnett (Kuxenko 20.08.2012 mdl.). Im Zuge dieser konnten die Anwesenden ihre Haltung zu den Seekabelprojekten zwischen Deutschland und Norwegen austauschen. Ebenso war es den Abgeordneten möglich, den Delegierten des norwegischen Netzbetreibers ihre Haltung gegenüber dem Bau der Interkonnektoren zum Ausdruck zu bringen (vgl. Abschnitt 4.3.5).

---

[143] Wer diese Investoren sein sollten, bleibt in dem Vermerk offen, vgl. BMU 01.12.2010.

Auffallend bei den Teilnehmern der Treffen ist, dass sich von norwegischer Seite aus vor allem Vertreter von Statnett und Statkraft in die Diskussionen über deutsch-norwegische Seekabel einbrachten. Seltener waren Delegierte des OED auf diesen Veranstaltungen anwesend. Deutsche Vertreter kamen häufig von Behörden wie dem BMU oder der BNetzA. TenneT und das BMWi kommunizierten offenbar selten auf öffentlichen Veranstaltungen mit Entscheidungsträgern aus Wirtschaft und Ministerien. Hervorzuheben ist, dass seit Anfang 2011 Akteure aus Großbritannien und den Niederlanden ihr Interesse an dem Thema dadurch zeigten, dass sie an in Deutschland veranstalteten Konferenzen teilnahmen oder diese organisierten.

4.3.5 Philipp Röslers Besuch in Norwegen

Bundeswirtschaftsminister Philipp Rösler, der wirtschaftspolitische Sprecher der CDU/ CSU-Bundestagsfraktion, Pfeiffer, und eine etwa 12-köpfige Delegation aus Ministerialbeamten und Wirtschaftsvertretern reisten im August 2011 für drei Tage nach Norwegen (vgl. Deutsche Botschaft Oslo 09.08.2011, 2f.). Im Mittelpunkt des Treffens standen die norwegisch-deutschen Energiebeziehungen mit den Themen Erdgaslieferverträge, CCS und Stromaustausch. Daher besuchte die deutsche Gruppe neben einem Erdgasfeld in der norwegischen Nordsee auch ein Wasserkraftwerk (vgl. BMWi 03.08.2011). Auf den Treffen habe man bei den zuständigen Stellen für den Bau der Interkonnektoren geworben und Kontakte zu Statnett geknüpft. Diese nutzte Herr Pfeiffer, um ein Treffen zwischen der CDU/ CSU-Fraktion im Bundestag mit dem norwegischen Netzbetreiber zu organisieren (vgl. Abschnitt 4.3.4).

4.3.6 Bilaterale Arbeitsgruppe ‚Ausgleichskapazität Strom‘

Auf seinem Norwegen-Besuch im August 2011 vereinbarten Rösler und der norwegische Energieminister Borten Moe die Einsetzung zweier bilateraler deutsch-norwegischer Arbeitsgruppen zu den Themen ‚Ausgleichskapazität Strom‘ und CCS. Die Gruppen trafen sich seit September 2011 (vgl. Auswärtiges Amt 06.10.2011, 2). Ihre Arbeit betraf auf deutscher Seite vor allem Mitarbeiter des BMWi. Vertreter der BNetzA waren auf einigen Treffen anwesend, um dort vor allem juristisch zu vermitteln (vgl. Hansen 31.07.2012 mdl.). Nach Aussage eines Gesprächspartners habe es sich bei der AG mehr um informelle Treffen zwischen BMWi und norwegischer Regierung als um eine regelmäßig tagenden Stab gehandelt[144]. Das BMU monierte frühzeitig, dass es an der Gruppe beteiligt werden müsse (vgl. Auswärtiges Amt & Kaelble 10.10.2011)[145].

4.3.7 Treffen von Angela Merkel und Jens Stoltenberg

Ende des Jahres 2011 traf sich Bundeskanzlerin Angela Merkel mit dem norwegischen Ministerpräsidenten Stoltenberg. Unter anderem sollte im Zuge dieses Treffens über die Energiebeziehungen zwischen Norwegen und Deutschland gesprochen werden, wobei *„insbesondere eine Erklärung der Regierungschefs zu den geplanten Kabelverbindungen zwischen DEU*[146] *und NOR angeregt"* werden sollte (Ide 06.10.2011). In dem dazu vom Auswärtigen Amt ausgearbeiteten Positionspapier wurde die Haltung Norwegens wie folgt eingeschätzt: *„Engagement für stärkere Rolle von Erdgas im DEU Energiemix. Werbung für Verlängerung des NOR Gaspipelinenetzes in den hohen Norden. Zurückhaltung bei Netzausbau wg. innenpolitischen Widerstands"* (Auswärtiges Amt 06.10.2011, 2). Die Bundesrepublik strebte neben den Kabelprojekten eine *„langfristig stabile Versorgung Deutschlands mit norwegischen Erdgas"* an (ebd.). Aus dem Vermerk wird auch deutlich, dass die Verfasser TenneTs Haltung gegenüber sehr kritisch waren: *„Die Pläne für Deutschland stehen in Konkurrenz zu Kabeln nach GBR (wo die Netzanbindung in NOR einfacher wäre) und NDL. Der Rückzug von TenneT (in NDL öffentlicher Hand) erscheint daher nicht zufällig"* (ebd., 1)[147]. Nichtsdestotrotz wurde festgehalten, dass es *„für die Energiewende in Deutschland [...] von zentraler Bedeutung [ist], hier nicht der Konkurrenz zu unterliegen und jetzt mit Norwegen bei Kabelverbindungen ins Geschäft zu kommen"* (ebd., 2).

[144] Diese Aussage stammt von einem Gesprächspartner der Verfasserin, der damit nicht namentlich zitiert werden wollte, daher wurde sie anonymisiert. Der Verfasserin ist die Quelle bekannt.

[145] Auf dem vorliegenden Dokument sind Anmerkungen von Mitarbeitern des BMU notiert.

[146] In Dokumenten des Auswärtigen Amtes und der deutschen Botschaft in Oslo werden Länderbezeichnungen häufig abgekürzt. ‚DEU' steht für Deutschland, ‚NOR' für Norwegen, ‚GBR' für Großbritannien und ‚NDL' für die Niederlande. Im folgenden Textverlauf finden sich diese Abkürzungen immer wieder in den zitierten Originalquellen.

[147] Das BMU versuchte diese Formulierung zu entschärfen, vgl. Auswärtiges Amt & Kaelble 10.10.2011.

4.4 Konfliktfähigkeit

Konfliktfähigkeit wurde in Abschnitt 2.1 als die Fähigkeit von Akteuren definiert, ihre Ziele mittels eines Droh- oder Vetopotentials durchzusetzen. Im Folgenden wird analysiert, welche Akteure jeweils auf norwegischer oder deutscher Seite über welche Arten von Konfliktfähigkeit verfügten und auch gewillt sowie in der Lage waren, diese einzusetzen, um die Planungen des Baus der Kabelprojekte NorGer beziehungsweise Nord.Link zu beeinflussen.

4.4.1 Die deutsche Seite

In Deutschland schienen alle beteiligten Akteure bis auf die BI Moorriem und TenneT seit Anfang 2010 den Bau der Seekabel zu unterstützen. Die BI, deren Druckpotential allerdings als sehr gering einzuschätzen ist, verfügte weder über exklusiven Zugang zu Entscheidungsträgern noch über finanzielle oder organisatorische Ressourcen, um diese unter Druck zu setzen. Ihre größte Aktion gegen das geplante Umspannwerk in ihrem Ort war eine Unterschriftenaktion, die allerdings räumlich auf ihre Kommune beschränkt blieb (vgl. Clausen 22.12.2010; Abschnitt 4.2.1).

Es war allen Involvierten klar, dass die Projekte als Teil eines europaweiten Verbundnetzes einen integralen Baustein der Energiestrategie der BRD darstellen sollten, da es ökonomisch nicht sinnvoll wäre, den Strom, der in OWP generiert werden würde, zu Speicherzwecken gen Süden zu transportieren. Hinzu kam, dass die Netzkapazität im deutschen Hochspannungsnetz eine Verteilung des Stroms in Nord-Süd-Richtung mittelfristig nicht zulassen würde (vgl. Stratmann 19.04.2012). Parallel zu NorGer und Nord.Link plante Statnett ein weiteres Kabel in Richtung Großbritannien. Dieses schien lange im Genehmigungsprozess weiter fortgeschritten zu sein als die nach Deutschland geplanten Projekte, wodurch Verzögerungen auf deutscher Seite zu einem negativen Votum aus Norwegen hätten führen können (vgl. Schlegelmilch 13.09.2011; Deutsche Botschaft Oslo 15.02.2012, 2f.).

Ein Vorzug des britischen Kabels gegenüber eines deutschen hätte nicht nur zu einer mindestens zehn Jahre währenden Stagnation von NorGer und Nord.Link geführt, sondern auch den Druck auf den Ausbau der deutschen Hochspannungsnetze in Nord-Süd-Richtung deutlich erhöht (vgl. Stratmann 19.04.2012). Statnett hielt sich zwischen Herbst 2011 und Sommer 2012 die Entscheidung über die Prioritäten, die man hinsichtlich der Kabel setzen wollte, offen (vgl. Abschnitt 4.4.2). Dies stellte deutsche Akteure vor eine große Herausforderung, da die meisten von ihnen den Bau eines Interkonnektors nie in Frage gestellt hatten. Ihr Fokus lag bis dahin darauf, wann und wie die Projekte realisiert werden sollten (vgl. Abschnitt 4.2.1). Zu der Frage hielt das BMU Kontakt zu Stellen in der britischen Botschaft in Berlin. Diese informierten die zuständigen Referenten grob darüber, inwieweit sich die britische Regierung zu dem Thema Seekabelbau engagierte (vgl. Dubbers 06.12.2010).

Der Netzbetreiber TenneT drohte im November 2011 Bundeskanzleramt, BMWi, BMU und der BNetzA in seinem ‚Brandbrief', *„dass die Errichtung von Anschlussleitungen für Offshore-Windparks in der Nordsee in der bisherigen [...] Form nicht länger möglich"* sei (TenneT 07.11.2011, 1). Die unzureichende Kapitalausstattung TenneTs bedeutete auch, dass das Unternehmen die in Deutschland anlandenden Seekabel eventuell nicht würde anschließen können. Schuld daran sei die zu geringe Eigenkapitalverzinsung nach ARegV. Wenn diese nicht nach oben angeglichen würde, könne der Konzern die finanzielle Leistungsfähigkeit gegenüber der BNetzA im Frühjahr 2012 nicht mehr nachweisen (vgl. TenneT 07.11.2011, 3)[148]. TenneT warnte weiter: *„Klar ist aber, dass wir eine Situation vermeiden müssen, bei der auch die Realisierung der essentiellen Ausbauvorhaben im Onshore-Netz in Frage gestellt ist"* (TenneT 07.11.2011, 3).

Neben den *„massive[n] Probleme[n] bei der Beschaffung des notwendigen Kapitals"* machten dem Unternehmen die *„fehlenden finanziellen, personellen und materiellen Ressourcen aller Beteiligten"* zu schaffen (ebd., 1). Der Bau von Offshore-Anschlüssen sei mittlerweile *„nur mit Hilfe externer Kapitalgeber möglich"* (ebd., 2). Außerdem seien *„grundlegende Änderungen des Rechtsrahmens nötig"* (ebd., 1)[149]. Daher forderte TenneT *„kurzfristige Gespräche mit den Beteiligten anzuberaumen"*, um *„gemeinsam darüber [zu] sprechen, wie der gesetzliche Rahmen für den Anschluss von Offshore-Windparks [...] modifiziert werden kann"* (ebd., 1; 3)[150]. Denn *„neben Risiken für die tatsächliche Einspeisung der Offshore-Windkraft sind erhebliche, zusätzliche Aufwendungen für Reparaturen und Ausfallzeiten zu befürchten, die*

[148] Die finanzielle Leistungsfähigkeit des Unternehmens konnte bis heute nicht nachgewiesen werden. TenneT rechnet damit, dies bis zum Frühjahr 2013 zu schaffen, vgl. TenneT 30.08.2012.

[149] Dabei ging es neben Änderungen der ARegV auch um Vorgaben der BNetzA bezüglich der Anbindung der OWP und im Haftungsrecht, vgl. Abschnitt 3.1.1.2.

[150] Zu den Akteuren, die eingeladen werden sollten, gehörten Betreiber und Entwickler von OWP, die BNetzA, das BSH und *„maßgebliche Lieferanten"*, TenneT 07.11.2011, 1.

letztlich über den Stromverbraucher sozialisiert werden“ würden (ebd., 3)[151]. Diese Schwierigkeiten stellen sich ebenso für die Anbindung von Seekabelverbindungen zwischen Deutschland und Skandinavien[152]. Tatsächlich zeigte aber eine Präsentation des Unternehmens im Rahmen der Arbeitsgruppe ‚Offshore-Netzanbindung‘ des BMU klar, dass die Kabel der Windparks ‚Alpha Ventus‘ und ‚BorWin1‘ „*quasi ohne Unterbrechung*“ und „*größere Vorkommnisse*“ funktionierten (TenneT 28.07.2011, 3)[153].

In dieser Frage lehnte das BMWi eine gemeinsame Antwort mit dem BMU an die Geschäftsführung von TenneT ab (vgl. BMU 28.11.2011, 1). Mitarbeiter des BMU kamen in einem Vermerk für die Antwort auf den ‚Brandbrief‘ zu der Einschätzung, der „*Brief schließ[...e] sich nahtlos an ähnliche Schreiben des Unternehmens an*“ (ebd., 2)[154]. Grund für die Probleme sei eine „*deutliche Unterfinanzierung des (deutschen Teils) des Unternehmens*“ (ebd.). Ein Verlust des Zertifikates bei der BNetzA hätte keinen Einfluss auf die Pflichten TenneTs als ÜNB. „*Zusätzlicher Aktivität aufgrund des TenneT-Briefes bedarf es [daher] nicht*“ (ebd., 5). Die tatsächliche Antwort des BMU an TenneT fiel sehr direkt aus: „*Es [sei...] die originäre Aufgabe der Unternehmen, die gesetzlichen Anforderungen zur Anbindung von Offshore-Windparks zu erfüllen und ausreichende Investitionsmittel bereitzustellen*“ (BMU 06.12.2011, 1)[155]. Ansonsten habe sich TenneT an die BNetzA, die ‚Netzplattform‘ des BMWi oder das BSH zu wenden, das BMU sei nicht der geeignete Ansprechpartner (vgl. ebd., 2f.).

Die Offshore-Strategie und die energiepolitischen Ziele Deutschlands hatten dazu geführt, dass die Bundesregierung sich beispielsweise in der Frage der Kapitalausstattung TenneTs genötigt sah, die KfW in die Projektfinanzierung von Interkonnektoren

---

[151] Dies werde aufgrund „*oligopolistischer Lieferantenmärkte*“ und den damit verbundenen Lieferengpässe für Stromkabel sowie der noch kaum erprobten HGÜ-Technik relevant, TenneT 07.11.2011.

[152] Weiterführend zu der Argumentation TenneTs, vgl. Abschnitt 4.3.3.

[153] Diese Vorgehensweise hatte zwischenzeitlich dazu geführt, dass Gerüchte existierten, TenneT würde lieber weitere Interkonnektoren in die Niederlande bauen. Dieser Darstellung wurde von Konzernseite aus widersprochen, vgl. Stratmann 19.04.2012. Tatsächlich plant TenneT Niederlande den Bau von drei weiteren Seekabelverbindungen, vgl. TenneT 01.06.2010.

[154] Der Anschluss der OWP habe bereits vor dem Kauf des Netzes durch TenneT festgestanden. Alle auf deutscher Seite befragten Interviewpartner sind sich sicher, dass das Unternehmen die dadurch entstehenden Kosten unterschätzt haben muss.

[155] Mittlerweile gibt es Gespräche zwischen dem niederländischen Staat und dem deutschen Wirtschaftsminister über die weitere Kapitalausstattung von TenneT, vgl. Stratmann 13.08.2012.

einzubinden (vgl. Abschnitt 4.3.3). Dies liegt daran, dass die Offshore-Windenergie in ihrer Dimension im Rahmen der deutschen Energiestrategie nicht durch andere Energieträger ersetzbar ist (vgl. Abschnitt 3.1.1). Ein Seekabel nach Norwegen könnte daher entlastend wirken (vgl. Hansen 31.07.2012 mdl.). Im Lager der ökologischen Koalition, die den Umbau des deutschen Energiesystems unterstützt, bestand die Befürchtung, dass die Gegner der Energiewende politisch an Macht gewinnen könnten, wenn der Ausbau der Erneuerbaren nicht vorankäme. Dies sei aber für die Bundesregierung keine politische Alternative. Darum wurde TenneT finanziell geholfen (vgl. Mitarbeiter BMU 10.07.2012 mdl.). Selbst die wirtschaftspolitisch eher marktliberale CDU sieht das so: Netze seien ein Sonderfall, da ohne sie das politische Ziel des Ausbaus der erneuerbaren Energien nicht erreicht werden könne (vgl. Reuters 22.03.2012). Daher müsste geprüft werden, ob die regulatorischen Rahmenbedingungen ausreichend sind. Wenn dies nicht der Fall sein sollte, müssten diese überarbeitet oder durch eine KfW-Beteiligung ergänzt werden (vgl. Abschnitt 4.2.1).

Mit der Zurückhaltung von Investitionen drohte auch die NorGer KS, als sie 2010 in Bezug auf eine aus ihrer Sicht fehlende Änderung in der KraftNAV schrieb: „*Ohne eine solche [Einspeise-]Garantie, würde das NorGer-Konsortium eine Investitionsentscheidung über 1,5 Mrd. Euro ablehnen. Das Projekt wäre tot*" (Hochstätter 26.10.2010). Genauso verhielte es sich in Bezug auf die Ausnahmegenehmigung des Kabels bei der Regulierung (vgl. ebd.; Abschnitt 4.1.2). Die NorGer KS konnte sich trotz ihrer vehement vorgetragenen Argumentationen in kaum einem Punkt mit ihrer Strategie durchsetzen (vgl. auch Abschnitt 4.3.1).

4.4.2 Die norwegische Seite

Die norwegischen Akteure standen in Hinblick auf Energiepolitik ständig unter Beobachtung der deutschen Botschaft in Oslo, die in unregelmäßigen Abständen in Dossiers über die deutsch-norwegischen Energiebeziehungen und die Lage in Norwegen berichtete[156]. So übermittelte die Vertretung im Dezember 2010 zur Lage auf dem norwegischen Strommarkt nach Deutschland: „*Insgesamt ist festzustellen, dass sich die Ausgangslage der Isolationisten deutlich verschlechtert hat, denn anders als im Vorjahr handelt es sich diesmal weniger um ein Verteilungs- sondern um ein An-*

[156] Diese Berichte gehen über das Auswärtige Amt an Bundeskanzleramt, BMU und BMWi, aber auch an diplomatische Vertretungen in Brüssel, Den Haag, Edinburgh, Helsinki, Kopenhagen, London und Stockholm, vgl. Deutsche Botschaft Oslo 14.12.2010, 1f.

gebotsproblem, welches man nicht dadurch lösen kann, indem man seinen Markt abschottet" (Deutsche Botschaft Oslo 14.12.2010, 3). Sie empfiehlt daher, „*die aktuelle Lage und das große Interesse der Norweger zu nutzen, um die beiden NOR-DEU Stromkabelprojekte NorLink [sic!] und NorGer auf DEU Seite voran zu bringen und zügig die entsprechenden regulatorischen Voraussetzungen zu schaffen*" (ebd., 4)[157].

Mitte des Jahres 2010 erwarb Statnett mit einem Anteil von 50 % an dem NorGer-Projekt (vgl. Abschnitt 4.1.2). So konnte das Unternehmen und somit der norwegische Staat größeren Einfluss auf die Entwicklung des Projektes nehmen (vgl. BMU 2010b, 1). Dieses Vorgehen wurde bereits damals von Beobachtern als geschickter Zug seitens des norwegischen Netzbetreibers gewertet (vgl. Bischoff 23.06.2010).

Als es dann im März 2011 zu den Verhandlungen zwischen DG Energy, BNetzA und dem norwegischen OED kommen sollte, meldete sich zunächst nur die deutsche Agentur zurück (vgl. Abschnitt 4.1.2). Da Norwegen anders als Deutschland bis dahin das Dritte Binnenmarktpaket noch nicht umgesetzt hatte, nahm das OED keinen Kontakt zur BNetzA auf. Dies war mit der in Norwegen geltenden Richtlinie EG 1228/2003 vereinbar (vgl. Abschnitt 3.3.1). Doch auch zu den Verhandlungen zwischen DG Energy, BNetzA, OED und NorGer KS Ende März desselben Jahres erschienen keine norwegischen Behördenvertreter (vgl. NorGer KS 31.03.2011, 1). So konnte der Eindruck entstehen, der Antrag der NorGer KS wäre bei den in Norwegen zuständigen Regulierungsbehörden politisch geplant verschleppt worden. Um dennoch zu einer Entscheidung zu gelangen, reisten Mitarbeiter der BNetzA mehrfach zu Verhandlungen nach Oslo. Doch wurde relativ früh klar, dass es keine Genehmigung durch das OED geben würde (vgl. Hansen 31.07.2012 mdl.).

Kurz nachdem das NorGer-Konsortium den Antrag auf Ausnahmegenehmigung daraufhin zurückgezogen hatte, übernahm Statnett das Projekt ganz und brachte sich damit in eine günstige Verhandlungsposition hinsichtlich beider potentieller Seekabel (vgl. Abschnitt 4.1.2). Nach Einschätzung von Bischoff (28.10.2011) war „*das Ding [...damit] erst mal auf Jahre mausetot*". Weiterhin fand das BMU, dass „*die Position und das Agieren der staatlichen Statnett [...] primär auf Heimatschutz ab[zielten] und [...] fern der EU-Zielsetzungen hinsichtlich effizienter Infrastrukturentwicklung,*

[157] Dies war aufgrund von Koordinationsschwierigkeiten zwischen den deutschen Behörden kaum möglich, vgl. Abschnitt 4.4.1.

Marktintegration, Klimaschutz und Versorgungssicherheit" lagen (BMU 2010b, 4). Damit vertrat die Behörde eine ähnliche Einschätzung wie die NorGer KS.

Mit dem Wechsel an der Spitze des norwegischen Energieministeriums 2011 veränderte sich auch dessen Haltung zu Stromexporten[158]. Wo Terje Riis-Johansen noch aufgeschlossen gegenüber Kabelprojekten gewesen war, solange sie nicht privatwirtschaftlich geführt wurden, schlug sein Nachfolger, Borten Moe, zunächst einen restriktiveren Kurs ein. Seine Argumentation baute vor allem auf den nicht absehbaren Umweltwirkungen durch die Errichtung von PSW und den Verkauf von Ausgleichsenergie in Form von Erdgas auf (vgl. Abschnitt 4.2.2). Damit kam er den norwegischen Bürgern entgegen, die weder den Ausbau von Stromleitungen durch ihr Land noch den Export ‚ihrer' Wasserkraft befürworteten (vgl. Abschnitt 3.2.2.2). Politisch standen die Zeichen in Bezug auf den Bau von Seekabeln nach Deutschland im Sommer 2011 folglich schlecht. Hinzu kam das Gutachten über das süd-norwegische Netz, das weitere Verzögerungen verhieß. So beantwortete Statnett eine Frage des BMU zu dem Thema wie folgt: Die Ergebnisse der Studie über das süd-norwegische Netz seien bei vorhergehenden Treffen mit dem BMU noch nicht bekannt gewesen, denn „*the experience with the NorNed cable online together with extreme weather situations has provided new insight into capacities in the grid system*" (Romsaas 07.10.2011)[159].

Für die deutsche Seite waren vor allem die Prioritäten, die Statnett und somit der norwegische Staat in Hinblick auf den Baubeginn der Kabel setzte, wichtig. In einer Pressemitteilung des Unternehmens von August 2011 hieß es, dass der ÜNB bis 2021 jeweils ein Kabel mit 1.000 MW Übertragungskapazität nach Deutschland und Großbritannien bauen wolle. Welches Kabel allerdings als erstes realisiert werden würde, stünde noch nicht fest (vgl. Statnett 18.08.2011). Romsaas bestätigte diese Aussage im Oktober 2011 gegenüber dem BMU, „*our aim is to complete one cable to Germany and one to UK [sic!] by 2021. It is still too early to say when the priority between the projects will be made*" (Romsaas 07.10.2011). Die norwegische Seite ließ sich so die Entscheidung offen und bemühte sich um die Aufmerksamkeit beider potentieller Anlandestaaten, BRD und Großbritannien (vgl. Mitarbeiter BMU 10.07.2012 mdl.).

[158] Einige Mitarbeiter im OED behielten Riis-Johansens Position bei, vgl. Abschnitt 4.2.2.

[159] Gunnar Romsaas ist Kommunikationsberater bei Statnett, vgl. Romsaas 07.10.2011.

Am 14.02.2012 telefonierte die deutsche Botschaft in Oslo mit dem stellvertretenden Konzernchef von Statkraft, Steinar Bysveen, und dem Kabelprojektgruppenleiter von Statnett zum Stand der Planung von NorGer und Nord.Link. Die wichtigste Nachricht dabei war, dass die „*Statnett-Konzernleitung [die Projekte] endgültig bestätigt*" habe (Deutsche Botschaft Oslo 15.02.2012, 2). Es seien „*keine Einsprüche mehr seitens der beteiligten Genehmigungsbehörden oder der Politik*" mehr zu befürchten (ebd., 3). Offene Fragen blieben aber weiterhin der Netzausbau an den geplanten Anlandepunkten und „*das noch nicht abschließend entschiedene Engagement des auf deutscher Seite zuständigen niederländischen Netzbetreibers TenneT*" (ebd., 2). Man wolle daher „*bis zu einer endgültigen Investitionsentscheidung auf die Fertigstellung des für Juni 2012 angekündigten deutschen Netzausbauplanes warten und hoffen, bis dahin mit TenneT bezüglich einer konkreten Projektbeteiligung handelseinig zu werden*" (ebd., 2f.; Abschnitt 3.1.1.2). Die Frage, ob NorGer oder Nord.Link als erstes gebaut werden würde, beantwortete Statnett „*auf bekannter Linie*", es werde die ökonomisch sinnvollere Variante gewählt (ebd., 3). Die Botschaft stellte daher fest, dass „*das Rennen um die Entscheidung, wohin das nächste Seekabel aus Norwegen geht – nach Großbritannien oder Deutschland – [...] somit im späten Frühjahr 2012 in die entscheidende Phase*" trete (ebd., 2). Derzeit würden die Konzernleitungen von Statkraft und Statnett die Reihenfolge Deutschland, Großbritannien, Deutschland favorisieren (vgl. ebd., 3).

Um die Prioritäten der Kabel klären zu können, trat Statnett an öffentliche Stellen in der BRD und Großbritannien heran, um die besten Konditionen auszuhandeln. Dabei bedeutete das Unternehmen deutschen Behörden unter anderem, dass der britische Anlandepunkt einfacher anzubinden sei (vgl. Auswärtiges Amt 06.10.2011, 2). Es lag auf der Hand, dass die deutsche Seite den norwegischen Unterhändlern bei den Verhandlungen zwischen BMWi und OED ein besseres Angebot vorlegen musste, um die britische Regierung zu überbieten (vgl. Mitarbeiter BMU 10.07.2012 mdl.)[160]. Dazu müssten „*auf deutscher Seite aber [...] bis Juni 2012 die nötigen Voraussetzungen für eine Investitionsentscheidung*" geschaffen werden (Deutsche Botschaft Oslo 15.02.2012, 2). Dies würde ein „*zeitnahes Bekenntnis zu einer ausreichenden und zeitnahen Netzverstärkung an den geplanten Landepunkten*" einschließen (ebd.).

[160] Das britische Netz nahe der Nordseeküste, an der es viele OWP gibt, ist marode. Die Briten brauchen das Kabel nach Norwegen ebenfalls, um überschüssigen Windstrom abführen zu können, vgl. Mitarbeiter BMU 10.07.2012 mdl.

Die Botschaft schätzte, dass *„ein solches Kabel [...] bei erfolgreichem Betrieb als [...] Katalysator für weitere Kabel nach Deutschland dienen*“ könnte (ebd., 4). Vor diesem Hintergrund war das Angebot der Projektbeteiligung der KfW entstanden. Dabei stand ein Engagement der Bank für einen Interkonnektor nach Norwegen im klaren Gegensatz zu der seitens des BMWi artikulierten Doktrin, dass man sich nicht an finanzschwachen Unternehmen beteilige (vgl. u.a. Deutscher Bundestag 21.03.2012, Anlage 35).

Nach den Verhandlungen zwischen BMWi und OED, die bis Juni 2012 andauerten, war der für internationale Beziehungen zuständige Statnett-Vorstand über den erzielten Kompromiss *„hoch erfreut*“. Er lobte in der FAZ: *„Die deutschen Behörden agieren sehr positiv und haben den Weg für diese Verbindung geebnet, indem sie Unsicherheit bezüglich der Regulierung beseitigt und einen Weg aufgezeigt haben, wie der deutsche Anteil an dem Investment finanziert werden kann*“ (beides Mihm 15.06.2012).

Aus der Analyse der Konfliktfähigkeit und dem Zugang zu Entscheidungsprozessen wird ebenfalls deutlich, dass sich der ‚Aktivitätsgrad‘ der einzelnen Akteure auffällig unterscheidet (vgl. Abschnitt 2.1). Gleichermaßen augenscheinlich ist, dass die Organisation, die am beharrlichsten im Subsystem in Deutschland engagiert gewesen zu sein schien, die NorGer KS, sich mit ihren Forderungen nicht hatte durchsetzen können. Das OED hingegen, das lange Zeit den Anschein erweckte, es würde inaktiv sein, verhinderte gerade durch seine fast demonstrative Untätigkeit die Zulassung des NorGer-Kabels.

5 Fazit

Im folgenden Kapitel werden zunächst die Ergebnisse der Analyse zusammenfassend dargestellt. Dabei werden gemäß der Fragestellung die im Subsystem aufgedeckten Restriktionen wiedergegeben, die den Bau der Seekabel NorGer und Nord.Link bisher verzögert haben. Daran anschließend erfolgen werden die eingangs aufgestellten Thesen überprüft und die Fragestellung der Studie beantwortet. Hiernach werden die Forschungsergebnisse kritisch betrachtet und Probleme der Forschung dargestellt. Abschließend wird ein Ausblick auf mögliche weiterführende Forschungsfelder und offen gebliebene Fragen gegeben.

5.1 Restriktionen im Subsystem

Die im Zuge der Policy-Analyse der Fallbeispiele deutlich gewordenen Restriktionen werden im Folgenden in die Kategorien (1) rechtliche und (2) technische Restriktionen, (3) Widerstand von Akteuren und (4) Zersplitterung der Zuständigkeiten deutscher Behörden eingeteilt. Dabei liegt der Fokus der Darstellung auf Hintergrundbedingungen, Akteuren und ihren Strategien in Deutschland.

Das thermisch geprägte Energieversorgungssystem der BRD wird sich mittelfristig aufgrund des geplanten Ausbaus von OWP vermehrt durch fluktuative Einspeisung von Windenergie auszeichnen. Diese nachfrageunabhängige Form der Stromerzeugung führt bereits gerade in Norddeutschland zum Teil zu Leistungsüberschüssen, die sich zum Teil in negativen Preisen auf dem deutschen Strommarkt ausdrücken. Gleichzeitig kann es in windschwachen Zeiten zu Erzeugungsengpässen mit entsprechenden Preisniveaus kommen. In diesen Phasen wird elektrische Energie benötigt werden, die mit Hilfe von Gaskraftwerken, Stromspeichern oder Interkonnektoren zum Lastausgleich in das deutsche Stromnetz eingespeist werden muss. Dies steht fest, auch wenn niemand definitiv abschätzen kann, wie hoch der Strombedarf in Deutschland langfristig sein wird.

5.1.1 Rechtliche Restriktionen

Das Investorenkonsortium von NorGer hatte ursprünglich einen Interkonnektor nach Norwegen geplant, der von der Regulierung durch EG 714/2009 Artikel 17 ausgenommen sein sollte. Dem entsprechenden Antrag wurde bei der deutschen Regulierungsbehörde BNetzA stattgegeben; das norwegische OED hingegen verschleppte ihn, sodass es auf europäischer Ebene zu keiner Entscheidung kommen konnte. Es überraschte viele Beteiligte, dass die Europäische Kommission keinen eigenen Vorstoß unternahm, um NorGer eine Ausnahmegenehmigung zu erteilen, da die Gesellschaft ein Vehikel gewesen wäre, um gemäß der Forderung von Energiekommissar Oettinger den privat finanzierten, gesamteuropäischen Netzausbau voranzutreiben (vgl. u.a. Hansen 31.07.2012 mdl.; Mitarbeiter BMU 10.07.2012 mdl.). Dass NorGer in Norwegen keine Zulassung bekommen hatte, lag zum einen an der dort bestimmenden Doktrin, dass man keine privatwirtschaftlich orientierten Netzbetreiber auf den heimischen Markt zulassen wollte. Zum anderen hatte Norwegen das dritte Binnenmarktpaket der EU noch nicht umgesetzt. So entschied die BNetzA auf einer anderen Rechtsgrundlage als das OED. Ein eindeutig projektiertes reguliertes Vorhaben hätte von beiden Seiten aus deutlich früher umgesetzt werden können (vgl. Hansen 31.07.2012 mdl.)[161].

Weiterhin forderte die NorGer KS die gesicherte Einspeisung des importierten Stroms. Dies sollte über eine Anpassung der KraftNAV geschehen, die den diskriminierungsfreien Zugang von Kraftwerken an das Stromnetz sicherstellt. Interkonnektoren aber wurden und werden weiterhin als Teil des Übertragungsnetzes eingestuft, welcher nicht unter die Vorrangregelung des EEG fällt. Auch können zunächst über das nun geplante, regulierte Seekabel keine Reservekapazitäten für Ausgleichsenergie freigehalten werden, da dies im europäischen Rechtsrahmen nicht vorgesehen ist (vgl. ebd.).

Gleichzeitig waren aufgrund der Veränderungen im AtG mit der damit einhergehenden Laufzeitverlängerung der in Deutschland befindlichen AKW aus dem Herbst 2010 von Seiten aller Investoren Unsicherheiten über die zukünftigen Ausbauziele für erneuerbare Energien in der BRD entstanden. Zusätzlich brachte sich die deutsche

---

[161] Die Doktrin betrifft jegliches finanzielles Engagement privatwirtschaftlicher Investoren in Norwegen.

Industrie immer wieder gegen einen raschen Ausbau der erneuerbaren Energien in die energiepolitische Debatte ein.

Darüber hinaus war für das BSH nicht geklärt, „*wie viele Räume [...] wir uns in der Bundesrepublik von derartigen Projekten erlauben wollen*“ (Dahlke 09.09.2010). Denn die geplante Trasse des Nord.Link-Kabels führte quer durch die Natura 2000-Schutzzone Wattenmeer. Diese Frage war von Seiten der schleswig-holsteinischen Landesregierung allerdings bereits durch einen positiven politischen Beschluss beantwortet worden (vgl. Abschnitt 4.2.1).

5.1.2 Technische Restriktionen

Die Diskussion um die Speicherung von Windstrom in PSW in Norwegen zeigt, dass die Frage nach dem Technikpfad in der öffentlichen Debatte bisher nicht geklärt ist, denn Stromspeicher können nur ein Teil der Lösung sein und nicht, wie in einem Szenario des SRU vorgeschlagen, eine abschließende Antwort auf die Problematik. Zudem kann man den Bau von Interkonnektoren nicht einfach rechtlich erzwingen, anders als den Ausbau von Onshore-Leitungen (vgl. Hansen 31.07.2012 mdl.).

Auf norwegischer Seite wird als wichtigste Restriktion das schlecht ausgebaute norwegische Netz betrachtet, das parallel zu den Seekabeln ausgebaut werden müsste (vgl. Stengel 19.07.2012 mdl.). Dies unterstrich die von Seiten Statnetts angefertigte Stromnetzstudie über das süd-norwegische Netz aus dem Sommer 2011.

5.1.3 Widerstand von Akteuren

In Deutschland gab es keine Akteure, die versuchten, den Bau der Interkonnektoren zu verhindern. Dennoch kam es zu Problemen mit dem ÜNB TenneT, der gesetzlich dazu verpflichtet ist, sowohl Seekabel als auch OWP an sein Stromnetz anzubinden. Dazu muss er auch Umspannwerke bereitstellen, die den anlandenden Gleichstrom in den im deutschen Hochspannungsnetz üblichen Wechselstrom umwandeln. Im November 2011 jedoch schrieb die Geschäftsleitung des Unternehmens an die zuständigen Behörden in Deutschland, dass man weder über genügend finanzielle noch personelle Ressourcen verfüge, um diesen Verpflichtungen nachzukommen. Schuld daran wäre unter anderem die mangelhafte Eigenkapitalverzinsung nach ARegV. Um seine Interessen durchzusetzen, drohte TenneT mit der Zurückhaltung der nötigen Investitionen, die für den Ausbau der Windenergie auf Nord- und Ostsee für die BRD von großer Bedeutung waren. Zugleich forderten einige Anwohner und Bürger in

Moorriem, wo das NorGer-Kabel anlanden sollte, dass statt einer neuen Konverterstation in ihrem Ort der Standort am AKW Unterweser genutzt werden sollte (vgl. Mitarbeiter TenneT 10.08.2012 mdl.). Diese Probleme von TenneT griff Statnett als Drohpotential auf, als es darum ging, ob ein deutsches oder ein britisches Kabel seitens des Unternehmens priorisiert würde.

In Norwegen hingegen gab es drei starke Konfliktlinien, anhand derer die Auseinandersetzung zwischen Pro- und Kontra-Internationalisierungskoalition ausgetragen wurde: Die Angst vor steigenden Strompreisen, die Energiedoktrin, die gegen den Bau von NorGer sprach, und bedeutende zivilgesellschaftliche Interessen im Umweltschutzbereich, die dem Ausbau von PSW entgegenstanden. Im Folgenden wird der Konflikt um das Preisargument ausgeführt[162].

In dem hydroelektrisch ausgerichteten Energieversorgungssystem des Landes würden mittelfristig durch den Handel mit Grünen Zertifikaten mit Schweden stark zunehmende Energieerzeugungsüberschüsse unter anderem aus fluktuierender Windenergie herrschen. Bereits jetzt ist der Strommarkt in Norwegen von stark schwankenden Preisen geprägt, da die Leistung der Wasserkraftwerke von Niederschlägen abhängig ist. Dadurch kommt es in langen Wintern und trockenen Sommern zu Versorgungsengpässen, die durch den Zukauf von elektrischer Energie aus dem Ausland gedeckt werden müssen. Norwegen erwartet daher eine zunehmend instabilere Strommarktsituation. Akteure mit ökonomisch ausgerichteten Interessen wehrten sich lange Zeit gegen den Ausbau von Interkonnektoren, da sie zum einen die heimischen Reservoir-Kapazitäten schützen wollten und zum anderen durch die Anbindung des norwegischen Strommarktes an den kontinentaleuropäischen einen Strompreisanstieg, so genannte *„tyske priser“*, befürchteten (vgl. Stengel 19.07.2012 mdl.)[163]. Dieses Argument verlor in den letzten Jahren an Schärfe, nachdem aufgrund wetterbedingter niedriger Pegelstände inländischer Stauseen der Strompreis in Norwegen immer weiter anstieg. Gegner der Projekte argumentierten vor allem über die öffentlichen Medien mit den steigenden Preisen (vgl. ebd.). Dadurch erreichten sie die Zivilbevölke-

[162] Auf die Debatte um die Energiedoktrin bezieht sich Abschnitt 5.1.1.

[163] ‚Deutsche Preise‘, eigene Übersetzung. Um den Strompreis nennenswert beeinflussen zu können, müssten mehr als zwei Kabel zwischen den beiden Ländern gebaut werden. Simulationen zeigten, dass mit ein bis zwei Kabeln nach Deutschland ein Anstieg des Durchschnittspreises um etwa 0,5-2 Euro pro MWh einhergehen würde. Um sich aber kontinentalen Preisen zu nähern, müsste der Anstieg auf norwegischer Seite bei etwa zehn Euro pro MWh liegen, vgl. Stengel 19.07.2012 mdl.

rung eher als die Befürworter, die einen direkten Kontakt mit den Ministerien, Parteien und Netzbetreibern pflegten, sich aber auch durch eine gemeinsame Initiative im Dezember 2011 hervortaten (vgl. ebd.)[164].

In der BRD wurde die Debatte über Seekabelverbindungen nach Norwegen zunächst angesichts fehlender Stromspeichermöglichkeiten im eigenen Land angestoßen. Dieser Diskussionspfad stieß bei norwegischen Akteuren allerdings auf Widerstand, da sich zivilgesellschaftliche Gruppen öffentlich gegen den Ausbau der Energieinfrastruktur vor Ort aussprachen. Hinzu kam der Wechsel des Energieministers im Jahr 2011. Borten Moe fokussierte von Anfang an auf die Umwelteinwirkungen des Umbaus der Stauseen zu PSW. Er machte sich stattdessen für die Lieferung von Erdgas zur Flexibilisierung der deutschen Energieversorgung stark. Dabei ist nicht geklärt, wer die Kosten für diese Maßnahmen tragen wird. Akteure wie die norwegische Industrie befürchten, dass diese auch auf die Stromkunden umgewälzt werden könnten (vgl. Abschnitt 4.2.2.1). Dadurch wurde vielen Akteuren schnell klar, dass der Speicherpfad, wie ihn sich unter anderem der SRU ausgemalt hatte, mittelfristig nicht würde realisiert werden können[165].

Die Strategien der Gegner und Befürworter von Kabelprojekten waren folglich unterschiedlich. Allgemein lässt sich aber feststellen, dass die Akteure, die sich exklusiven Zugang zu Entscheidungsprozessen in Deutschland und / oder Norwegen verschaffen konnten, bessere Chancen zur Umsetzung ihrer Interessen erlangten. Hansen (31.07.2012 mdl.) stellt daher fest, dass nicht jedes Interkonnektoren-Projekt so lange gebraucht hätte, um umgesetzt zu werden. Mal hätte Statnett, mal der deutsche ÜNB TenneT den Prozess verzögert.

5.1.4 Zersplitterung der Zuständigkeiten deutscher Behörden

Sowohl TenneT wie auch die NorGer KS und Statnett drohten der Bundesregierung mit der Zurückhaltung von für die deutsche Versorgungssicherheit und Energiestrategie notwendigen Investitionen. Dies erschien vor allem deswegen problematisch, da sich das Bundeskanzleramt, BMWi und BMU aufgrund unzureichender Kommunikation nicht über eine geeignete Strategie einig werden konnten (vgl. Abschnitt 4.4).

---

[164] Zum Zugang von Lobbyisten in das norwegische Regierungssystem, vgl. Gullberg 2011.

[165] Trotzdem sei die Nutzung norwegischer Wasserspeicher zum Ausgleich von Windenergieeinspeisung als eine Lösungsmöglichkeit von vielen nicht vollkommen unrealistisch, vgl. Hansen 31.07.2012 mdl.

Allein die Aufzählung der Zuständigkeiten deutscher Behörden in Abschnitt 3.1.2.1 lässt erkennen, dass die Kompetenzen in der BRD in Hinblick auf Energiepolitik stark zersplittert sind. Dies erhöht zusätzlich die Komplexität der Lösung von energiespezifischen Fragen[166]. So war beispielsweise ein Problem der potentiellen Investoren, dass es von deutscher Seite aus bis zum Sommer 2011 kein offizielles und öffentliches Statement für oder gegen ein Kabel gab. Die unklaren Zuständigkeiten der Ressorts führten auch dazu, dass das BMU, das originär für den Anschluss erneuerbarer Energien zuständig ist, nicht an den Verhandlungen mit Statnett beteiligt wurde, die in der bilateralen Arbeitsgruppe ‚Ausgleichskapazität Strom' zwischen BMWi und norwegischem Staat geführt wurden (vgl. Abschnitt 4.3.6).

Auf der norwegischen Seite hingegen fand sich eine Akteurslandschaft, die aufgrund ihrer Interessen deutlich stärker zersplittert zu sein schien als die deutsche (vgl. Abschnitt 4.2.2). Dennoch fällt an der Art, wie sie die Verhandlungen über die Nordseekabel führten, auf, dass das OED die gebündelten Interessen der norwegischen Stromindustrie hinter sich stehen hatte und zusätzlich für die Zulassung von Interkonnektoren zuständig war. Dies führte Münch (1992, 83) folgend dazu, dass das norwegische Energieministerium seine Dominanz in dem Policy-Subsystem etablieren konnte (vgl. Abschnitt 2.1). Die zuständigen Referate und Kammern in BMWi, BMU, BNetzA und BSH konnten so von Seiten der norwegischen Akteure gegeneinander ausgespielt werden. Auf dieser Grundlage stellt Stengel (19.07.2012 mdl.) daher fest, dass das OED mit seiner Verfügungsgewalt über die Entscheidungen von Statnett der ausschlaggebende Faktor gewesen war, der den Bau oder eine verbindliche Zusage für den Bau des Kabels NorGer bisher verzögert hat.

Die Daten, die im Zuge des UIG-Antrages eingesehen werden konnten, zeigen, dass allein im BMU die Zuständigkeit im Referat KI III 3 zwischen 2010 und 2012 dreimal wechselte und unterschiedliche Verantwortliche aus verschiedenen Referaten an dem Fall arbeiteten. Entsprechend existierte angeblich keine vollständige Akte über das Thema. Das angeforderte Material musste einzeln in der Abteilung KI zusammengesucht werden. Einige Dokumente, die an Mitarbeiter persönlich verschickt worden waren, tauchten gar nicht wieder auf. Die Machart mancher Vermerke erscheint dementsprechend wenig sachkundig und aussagekräftig. Es scheint, als wäre

---

166 Daher gibt es immer wieder Vorschläge, ein Energieministerium zu gründen, das die Kompetenzen für Infrastruktur, Erzeugungsanlagen, Forschung und Rohstoffbeschaffung bündeln könnte, vgl. u.a. Reuters 12.10.2011.

es innerhalb des Ministeriums nicht möglich gewesen, Informationen und Material zu teilen oder bei Weggang von Angestellten auch nur zu erhalten.

Aufgrund der geplanten finanziellen Einsätze wären für betroffene Akteure wie die NorGer KS oder Statnett jedoch klar formulierte Ziele sowohl im Bereich der Energiestrategie, wie auch was das Kabelthema betrifft, wichtig gewesen, um die erforderlichen Investitionen auszulösen (vgl. auch Abschnitt 5.1.1). Stratmann (19.04.2012) stellt daher fest: *„Das Kabelthema erfordert Führung und Koordination, doch die ist auf deutscher Seite nicht gegeben*". Das Angebot eines Eigenkapitaleinstiegs der KfW in einen zwischen Statnett und TenneT geplanten Interkonnektor erscheint daher als eine politisch erzwungene, nachträgliche Positionierung des BMWi zur deutschen Energiewende, die für viele Beobachter überraschend kam.

5.2 Beantwortung der Fragestellung und Überprüfung der Thesen

Der vorliegenden Studie liegt die Fragestellung „Welche Akteure und / oder Rahmenbedingungen verhinderten bisher den Bau der Seekabel NorGer und Nord.Link zwischen Deutschland und Norwegen?" zugrunde. Um sie beantworten zu können, werden im Folgenden die in Abschnitt 5.1 zusammengefassten Ergebnisse der Policy-Analyse zugespitzt auf die entscheidenden Faktoren für die gestellten Unterfragen hin erläutert. Gruppierungen von Akteuren, technischen und natürlichen Elementen sowie Zeichen werden mit Hilfe der Konstellationsanalyse als Darstellungsform vorgestellt (vgl. Abschnitt 2.2.2). In den Grafiken wird zwischen einem regulierten Interkonnektoren-Projekt, wie Nord.Link in Abbildung 5, und einem deregulierten, privatwirtschaftlich finanzierten Vorhaben, wie NorGer in Abbildung 6, unterschieden[167].

Die einflussreichsten Opponenten, die gegen die Verbindung des heimischen Strommarktes mit dem anderer Länder mittels Interkonnektoren agierten, konnten im Rahmen der Analyse in Norwegen ausgemacht werden. Eine Advocacy-Koalition aus Gewerkschaften, Petroleumindustrie, Oppositionsparteien und Zivilgesellschaft mit wirtschaftspolitischen Frames versuchte ihre Interessen auf vielfältige Weise durchzusetzen. Sie griffen die Befürchtungen der Bevölkerung hinsichtlich steigender

[167] Die Abbildungen fünf und sechs befinden sich aufgrund ihrer Größe im Anhang.

Strompreise öffentlichkeitswirksam über die Medien auf und versuchten zum Teil, geplante Projekte durch Einwendungen bei Regulierungsbehörden zu verhindern.

Gegen die Planungen des NorGer-Kabels arbeitete vor allem das OED, indem es den Anträgen des Investorenkonsortiums auf Deregulierung des Projektes nicht stattgab und sich einer konstruktiven Interaktion mit den zuständigen Regulierungsbehörden in Deutschland und der EU verweigerte. Das OED schob den schlechten Zustand des süd-norwegischen Netzes, der durch eine eigens erstellte Studie im Sommer 2011 unterstrichen wurde, als Begründung vor, plante jedoch über Statnett gleichzeitig das Nord.Link-Kabel. Es meinte, die vorhandenen Engpässe hätten sich durch den Bau des niederländisch-norwegischen Kabels ‚NorNed' und einer weiteren ‚Skagerrak'-Leitung nach Dänemark zusätzlich verschärft. So kamen einige Akteure zu der Auffassung, dass das Konzept für ein reguliertes Projekt kurzfristig lediglich dazu diente, NorGer vom norwegischen Markt fernzuhalten.

Mangelhafte Absprachen zwischen den beiden Regulierungsbehörden BNetzA und OED waren vor allem aufgrund ungleicher Rechtsgrundlagen durch den Wechsel der BRD in das dritte Binnenmarktpaket der EU im Jahr 2009 zustande gekommen. Dieser Umstand führte dazu, dass das norwegische OED, anders als die BNetzA, nicht in Absprache mit dem anderen zuständigen Regulator über den betreffenden Interkonnektor verfügen musste und dadurch keine Entscheidung auf europäischer Ebene seitens der EU-Kommission erfolgen konnte. Dies verhinderten jedoch nicht nur die unterschiedlichen juristischen und ökonomischen Maßgaben im Mehrebenensystem der EU, sondern auch die in Norwegen herrschende Energiedoktrin, die zweifellos grundlegend der Idee des EWR widerspricht. Wie aus der Analyse klar geworden ist, zeigten die Norweger keinen politischen Willen, sich für eine Ausnahmegenehmigung für NorGer zu engagieren. Dies wäre durchaus möglich gewesen. Ein reguliertes Projekt hingegen hätte eventuell schneller verwirklicht werden können. Allerdings ist Nord.Link, das sich mehrheitlich in Besitz von Statnett befindet, bisher ebenso wenig umgesetzt worden wie früher geplante, vergleichbare Projekte.

Auch wiesen der amtierende Energieminister Norwegens Borten Moe und einflussreiche Umweltschutzorganisationen Norwegens mehrfach darauf hin, dass der Ausbau von Wasserreservoirs zu PSW und der inländischen Netzinfrastruktur erhebliche Eingriffe in die heimische Umwelt bedeuten würden. Dadurch musste die Idee, Norwegen als eine Art Batterie für fluktuierende Einspeisung erneuerbarer Energien zu nutzen, verworfen werden. Erst eine Initiative zwischen dem norwegischen Gewerkschaftsbund und den Lobbyverbänden von Industrie und Energiewirtschaft ermöglichte von norwegischer Seite aus den Fortgang der Verhandlungen um ein Seekabel nach Deutschland, die im Juni 2012 zum Erfolg führten. Dieses Window of Opportunity öffnete sich durch den steigenden Druck auf Akteure der Wirtschaft durch einen sich zwischen 2010 und 2012 stetig erhöhenden Strompreis in Norwegen. Zugleich kann es als Fortschreibung der Pfadänderung in der bislang eher protektiven und auf den Verkauf von Gas als Ausgleichsenergie ausgerichteten norwegischen Energiepolitik gesehen werden.

Auf der deutschen Seite hingegen konnte keine Advocacy-Koalition ausgemacht werden, die sich gegen den Bau von Interkonnektoren eingebracht hätte. Lediglich einzelne Akteure versuchten ihre Interessen gegenüber Teilaspekten der Projekte durchzusetzen. Handlungsrelevant wurde die Lobby-Arbeit ausschließlich in Hinblick auf die mangelhafte Kapitalausstattung des ÜNB TenneT, der die Kabel NorGer und Nord.Link sowie alle OWP in der Nordsee an sein Hochspannungsnetz anbinden muss. Mit diesem Problem ging das Unternehmen im Herbst 2011 an die Öffentlichkeit. Im November desselben Jahres sandte sein Geschäftsführer einen strategischen ‚Brandbrief' an deutsche Entscheidungsträger in BMWi, BMU und Bundeskanzleramt. Darin drohte er damit, dass TenneT finanziell und organisatorisch nicht in der Lage sein würde, die für die Energiestrategie der Bundesregierung notwendigen Investitionen in Konverterstationen und Netzanbindungen zu tätigen, wenn sich bestimmte politische und juristische Vorgaben nicht änderten. Aufgrund dieser Tatsachen bildete sich im Frühjahr 2012 im Rahmen der Netzplattform des BMWi die Idee heraus, dass sich die KfW übergangsweise an dem ÜNB oder seinen Projekten beteiligen könnte. Der Vorschlag fand nicht nur bei TenneT selbst, sondern auch bei betroffenen OWP-Betreibern Zustimmung. TenneTs Strategie war demnach erfolgreich gewesen. Gleichzeitig zwang Statnett die Bundesregierung zu einer schnellen Entscheidung hinsichtlich der geplanten Interkonnektoren, indem das Unternehmen ihr androhte, die nächste Seekabelverbindung nicht nach Deutschland, sondern nach Großbritannien zu bauen. Das Zusammenspiel der drei Hintergrundbedingungen (1) mangelhafte Kapitalausstattung von TenneT, (2) Notwendigkeit der Fortführung der eigenen Offshore-Windenergiestrategie und (3) einer möglichen Priorität Statnetts gegenüber einem norwegisch-britischen Kabel und das damit einhergehende Drohpotential öffneten das Window of Opportunity für eine staatliche Beteiligung an einem Seekabel-Projekt. Diese sollte mittels der KfW erfolgen und widerspricht der bisher durch das BMWi angewendeten Strategie gegenüber von Zahlungsunfähigkeit bedrohten Unternehmen.

Als Letztes muss die mangelhafte Koordination deutscher Akteure genannt werden, die gerade im Vergleich zu den gebündelt vorgetragenen Interessen des norwegischen Staates in Form des OED negativ auffällt (s.o.). Angesichts der Höhe der geplanten Investitionen seitens ausländischer Geldgeber und der damit verbundenen starken Interessen Deutschlands ist es verwunderlich, dass bis Sommer 2011 keine öffentliche Äußerung der BRD hinsichtlich der Interkonnektoren-Projekte nach Norwegen vorlag. Dies kann unter anderem daran gelegen haben, dass es sich bei dem vornehmlich durch seinen hohen Aktivitätsgrad sichtbaren NorGer-Konsortium um eine rein privatwirtschaftlich agierende Gesellschaft handelte, deren Anliegen daher nicht zu bilateralen Verhandlungen zwischen der BRD und Norwegen geführt hatte. Das Verhalten der Bundesregierung änderte sich erst, als das norwegische Staatsunternehmen Statnett das NorGer-Projekt kaufte. Im Herbst 2011 wurde eine deutsch-norwegische Arbeitsgruppe etabliert, die in unregelmäßigen Abständen tagte. Doch weder das BMU noch das BSH oder zuständige Stellen der Bundesländer Niedersachsen und Schleswig-Holstein wurden in die abschließenden Verhandlungen über ein Kabel nach Norwegen zwischen BMWi und OED einbezogen. Dennoch entstand im Rahmen ihres Handelns schließlich der Kompromiss zwischen Statnett, TenneT und der KfW hinsichtlich der Finanzierung eines Interkonnektors.

Die unzureichende Kommunikation deutscher Akteure hinsichtlich der Kabelprojekte ist unter anderem der Grund, weswegen sich in Deutschland keine Advocacy-Koalitionen bilden konnten. Norwegische Akteure hingegen koordinierten sich regelmäßig und letztlich konstruktiv bezüglich eines Verbindungskabels nach Deutschland. Dies belegen sowohl die Initiative im Dezember 2011 als auch die erfolgreiche Strategie des OED zur Verhinderung von NorGer. Auch das strategische Verhalten staatlicher Akteure in der Frage des Baus eines britischen vor einem deutschen Interkonnektor muss in dieser Hinsicht hervorgehoben werden.

5.3 Probleme der Forschung

Wie in Abschnitt 2.2 dargestellt, konnten, obwohl Material nach Umweltinformationsgesetz eingefordert worden war, kaum von Seiten des BMWi erstellte Daten, eingesehen werden. Ebenso verweigerte das Ministerium einen Interviewtermin zu dem Thema Interkonnektoren. Diese Absagen führten dazu, dass die Vorgänge im Wirtschaftsministerium und der Arbeitsgruppe ‚Ausgleichenergie Strom' nicht detailliert analysiert werden konnten. Vielmehr mussten sie mit Hilfe von Interviews und den vorliegenden, prozessgenerierten Daten rekonstruiert werden. Es ist möglich, dass dadurch die Interaktion zwischen BMWi und OED innerhalb der Studie verzerrt dargestellt wurde und der Fokus zu stark auf den Handlungen des BMU lag. Trotzdem ist die Möglichkeit der Erweiterung der verwendeten Datengrundlage durch das UIG positiv zu bewerten, da die Untersuchung neben den Wechselbeziehungen zwischen Mitarbeitern der BMU auch um Zusammenhänge außerhalb des Ministeriums erweitert werden konnte. So konnte die Validität der Ergebnisse erhöht werden.

Allgemein muss an der angewendeten Methodik der Policy-Analyse kritisiert werden, dass dabei kaum Kausalbeziehungen verifizierbar sind. Dennoch bietet sie eine heuristische Funktion. So konnten unter anderem Zusammenhänge zwischen Akteuren, ihren Netzwerken und den von ihnen eingesetzten Strategien sichtbar gemacht werden. Die Analyse von Policy-Prozessen birgt dennoch immer die Gefahr, dass involvierte Personen in der direkten Befragung mittels Interviews oder in öffentlichen Dokumenten wie Pressemitteilungen eine oberflächliche Übereinstimmung mit den angezeigten Anforderungen ihrer Umwelt sichtbar werden lassen, um ihre Legitimität im Politikfeld zu sichern. Infolgedessen entziehen sie gleichzeitig große Teile ihrer bestehenden Tätigkeiten externer Begutachtung und Bewertung. So schob das norwegische OED beispielsweise das schlecht ausgebaute, süd-norwegische Stromnetz vor, um den Bau des deregulierten Interkonnektors NorGer zu verhindern. Das Argument der Protektion des heimischen Strommarktes hingegen betonte man nicht, da es grundlegenden Maßgaben des EWR widersprochen hätte. Gleichzeitig plante der durch das Energieministerium kontrollierte ÜNB Statnett aber eine eigene, regulierte Kabelverbindung nach Deutschland und kaufte NorGer, nachdem dessen Zulassung durch das OED verhindert worden war. Dies ist ein allgemeines Problem bei der Analyse von Policy-Vorgängen, dem dadurch entgegengearbeitet werden kann, dass die Forscher informell entstandene Daten erheben und einen kritischen Blick auf den Forschungsgegenstand nicht verlieren.

5.4 Aussicht

In der Studie haben sich weiterführende Forschungsfelder und politische Handlungsempfehlungen aufgetan, die im Folgenden vorgestellt werden. Die Tatsache, dass das NorGer-Projekt nicht mehr Unterstützung von Seiten der EU-Kommission erfuhr, erstaunte viele Beteiligte. Andererseits war die DG Energy von einem positiven Votum aus Norwegen abhängig. Daran zeigt sich, dass der EU lediglich eine koordinierende Wirkung bei dem Thema transeuropäischer Netzausbau zukommt. Diese fehlende Verfügungsgewalt europäischer Akteure schien in dem vorliegenden Fall ein Teil einer relevanten Restriktion gewesen zu sein, die weiterführend auf Grundlage der Aussagen von Keohane & Nye (2000, 12) untersucht werden könnte.

Auffällig an dem Fall waren die Koordinierungsschwierigkeiten zwischen den verschiedenen politischen Ressorts in Deutschland. Die zersplitterten Zuständigkeiten im Bereich der Energiepolitik führten dazu, dass BMU und BMWi nicht einmal auf den ‚Brandbrief' von TenneT, der ein hohes Drohpotential enthielt, geschlossen, das heißt gemeinsam, reagierten. Demgegenüber stand das OED, das sowohl für Statnett wie auch für Statkraft sprechen konnte. Dadurch hatten norwegische Akteure von Anfang an erhöhte Chancen auf die Durchsetzung ihrer Interessen. In Anbetracht der Aufgaben, die die Umstellung der Energieversorgung der BRD auf erneuerbare Energien mit sich bringen wird, wäre es sinnvoll ein Energieministerium zu schaffen, das die deutschen Interessen gebündelt gegenüber in- und ausländischen Akteuren vertreten könnte. Dies würde der BRD in Energiefragen mehr Gestaltungsmacht verleihen.

Gleichzeitig sollte darüber nachgedacht werden, ob der Übertragungsnetzbetreiber TenneT oder zumindest seine Projekte im Hinblick auf die Anbindung von OWP teilweise verstaatlicht werden könnten. Dies hätte zur Folge, dass nicht nur die Kosten für den Ausbau regenerativer Energiequellen, sondern auch deren Gewinne vergesellschaftet werden würden.

Anhang

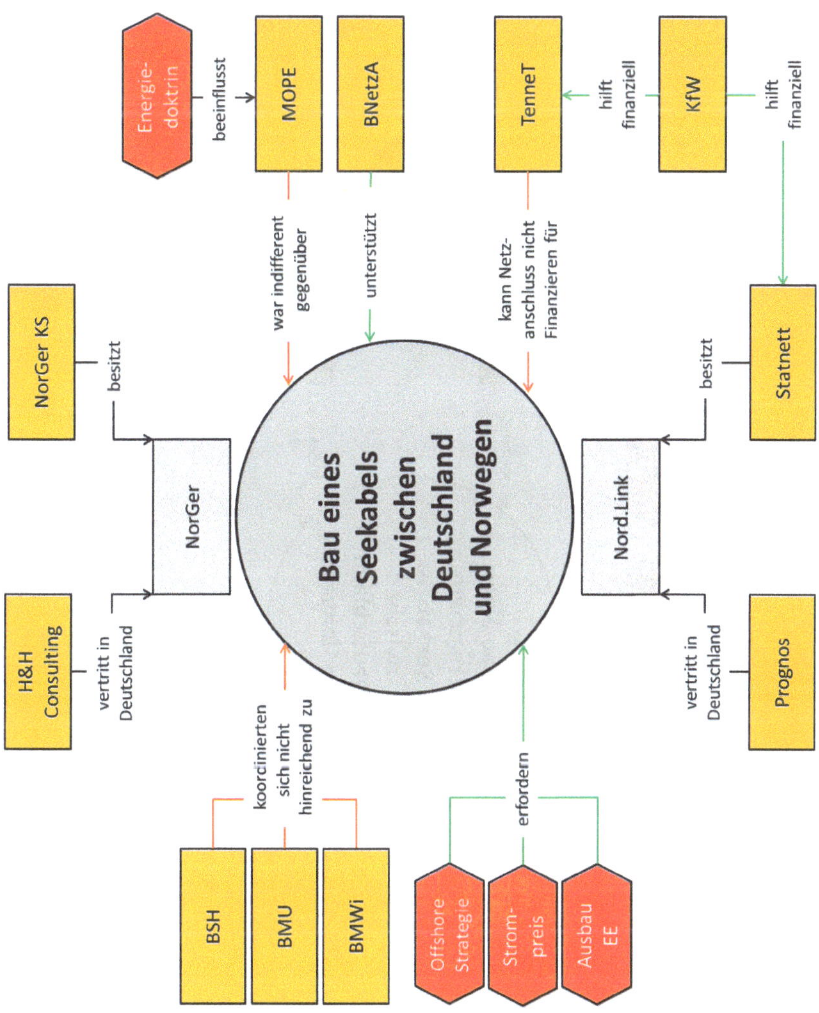

Abbildung 5: Konstellation ‚Bau eines Seekabels zwischen Deutschland / Norwegen'[168]

[168] Eigene Darstellung.

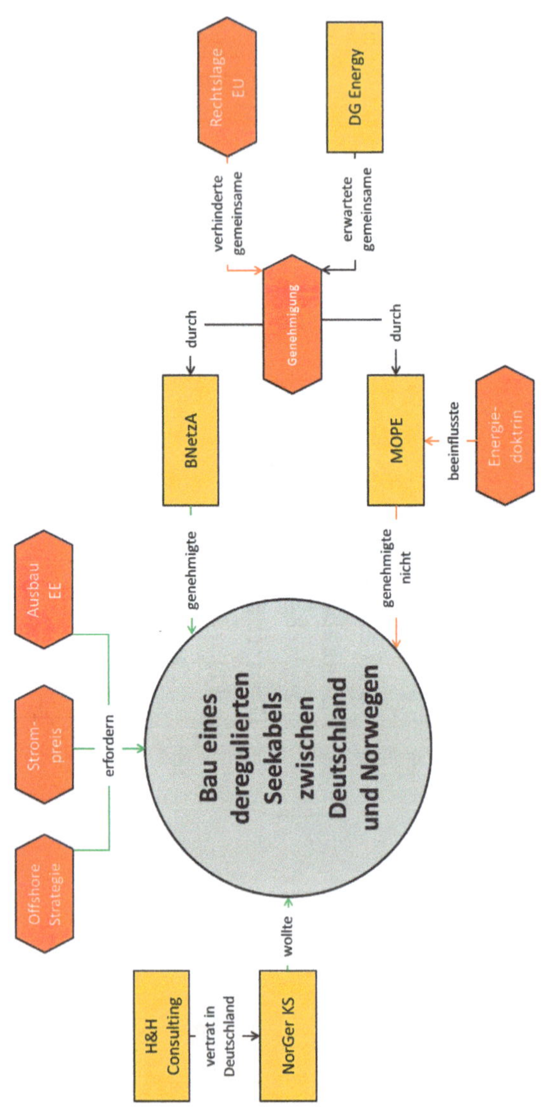

Abbildung 6: Konstellation ‚Bau eines deregulierten Seekabels zw. Deutschland / Norwegen'[169]

[169] Eigene Darstellung.

Quellenverzeichnisse

(Wenn nicht anders bezeichnet, gilt für alle URL: Zuletzt geprüft am 22.09.2012)

I. Primär- und Sekundärquellen

50Hertz; Amprion; EnBW; TenneT (2011): Szenariorahmen für den Netzentwicklungsplan 2012. Eingangsdaten der Konsultation. Berlin.

50Hertz; Amprion; EnBW; TenneT (2012): Netzentwicklungsplan Strom 2012. Entwurf der Übertragungsnetzbetreiber. Teil 1. Berlin/ Dortmund/ Bayreuth/ Stuttgart. Online verfügbar unter http://www.netzentwicklungsplan.de/sites/default/files/NEP_2012/NEP_2012_Kapitel_1_bis_8.pdf.

50Hertz; Amprion; TenneT; TransnetBW (30.05.2012): Zweiter Entwurf des Netzentwicklungsplans 2012. Kapitel 1 bis 8. Berlin. Online verfügbar unter http://www.netzentwicklungsplan.de/sites/default/files/NEP_2012_2/NEP2012_2_Kapitel_1_bis_8.pdf.

Adolf, Matthias (2011): Energiesicherheitspolitik der VR China in der Kaspischen Region. Erdölversorgung aus Zentralasien. Wiesbaden: VS, Verl. für Sozialwiss.

AEE (2011): Erneuerbare im Netz. Die notwendige Anpassung der Versorgungsinfrastruktur. Hintergrundinformation der Agentur für Erneuerbare Energien. Berlin (Renews Spezial, 50).

Agder Energi (23.06.2010): Statnett har gått inn i NorGer-prosjektet. Kristiansand. Online verfügbar unter http://www.ae.no/ae/presserom/pressemeldinger/article50976.ece.

Ascher, Andreas (2009): Neugründung. Hochstätter & Husen. Online verfügbar unter http://www.wuv.de/leute/personalien/neugruendung_hochstaetter_husen.

Asendorpf, Dirk (2011): Norwegen, der Akku Europas. Pumpspeicherwerke an den Fjorden würden Windkraft in Deutschland ideal ergänzen. In: Zeitonline, 01.09.2011. Online verfügbar unter http://www.zeit.de/2011/36/Energie-Deutschland-Norwegen.

Auswärtiges Amt (06.10.2011): DEU-NOR Zusammenarbeit im Energiebereich. BK'in – NOR MP Stoltenberg. Vermerk zum Sachstand. Im Archiv der Verfasserin.

Auswärtiges Amt; Kaelble, Laure (10.10.2011): DEU-NOR Zusammenarbeit im Energiebereich. BK'in – NOR MP Stoltenberg. Vermerk zum Sachstand. Im Archiv der Verfasserin.

Azau, Sarah (2010): The grid that never sleeps. In: Wind Directions, Jg. 29, H. 5, S. 30–35.

Bache, Ian; Flinders, Matthew V. (2004): Themes and Issues in Multi-level Governance. In: Bache, Ian; Flinders, Matthew V. (Hg.): Multi-level governance. Oxford: Oxford University Press, S. 1–11.

Bache, Ian; Flinders, Matthew V. (Hg.) (2004): Multi-level governance. Oxford: Oxford University Press.

Baltzer, Sebastian (2012): Es muss sich für uns lohnen, das ist das Entscheidende. Interview mit dem norwegischen Energieminister Ola Borten Moe. In: FAZ, Ausgabe 173, 27.07.2012, S. 14.

BDEW (2010): Netze der Zukunft. Intelligent, flexibel, zuverlässig. Berlin.

BDEW (2012): Der Verband. Selbstdarstellung des BDEW auf der offiziellen Homepage des Verbandes. Stand: 2012. Online verfügbar unter http://www.bdew.de/internet.nsf/id/8E3FVZ-DE_Ueber-uns.

BDI (2012a): Der BDI - Spitzenverband der deutschen Wirtschaft. Selbstdarstellung des BDI auf der offiziellen Homepage des Verbandes. Stand: 2012. Online verfügbar unter http://www.bdi.eu/Ueber-uns.htm.

BDI (2012b): Energiepolitik. Selbstdarstellung der Abteilung Energiepolitik auf der offiziellen Homepage des BDI. Stand: 2012. Online verfügbar unter http://www.bdi.eu/Energiepolitik.htm.

Behnke, Joachim; Baur, Nina; Behnke, Nathalie (2006): Empirische Methoden der Politikwissenschaft. 2. Aufl. Paderborn/ München/ Wien/ Zürich: Schöningh (Grundkurs Politikwissenschaft).

Bennett, Andrew; Elman, Colin (2006): Complex Causal Relations and Case Study Methods. The Example of Path Dependence. In: Political Analysis, Jg. 14, H. 3, S. 250–267.

Benz, Arthur; Seibel, Wolfgang (Hg.) (1997): Theorieentwicklung in der Politikwissenschaft. Eine Zwischenbilanz. 1. Aufl. Baden-Baden: Nomos.

Bergius, Michael (08.02.2010): AKW sollen doppelt so lange laufen. Interview mit Dr. Joachim Pfeiffer, CDU. In: Frankfurter Rundschau online. Online verfügbar unter http://www.fr-online.de/energie/cdu-politiker-pfeiffer--akw-sollen-doppelt-so-lange-laufen-,1473634,2815892.html.

BfN (2004): Natura 2000 Schutzgebietsmeldungen nach FFH-Richtlinie und EU-Vogelschutzrichtlinie in der deutschen AWZ sowie Bundesländermeldungen innerhalb des deutschen Hoheitsbereichs der Nordsee. Karte mit Erläuterungstext. Stand: 28.04.2004. Bonn. Online verfügbar unter http://www.bfn.de/habitatmare/de/downloads/erlaeuterungstexte/Karte1_Schutzgebiete_mit_Koordinaten.pdf.

Birkner, Stefan (13.04.2010): NORGER Projekt. Schreiben des Staatssekretärs aus dem Niedersächsischen Ministerium für Umwelt und Klimaschutz an Staatssekretär Jochen Homann (BMWi). Im Archiv der Verfasserin.

Bischoff, Torsten (23.06.2010): WG: NorGer Pressemitteilung: Norwegische Statnett wird neuer NorGer-Partner. E-Mail an Thorsten Falk, Julia Rufin, Kai Schlegelmilch (BMU). Im Archiv der Verfasserin.

Bischoff, Torsten (02.07.2010): Veranstaltung mit Norwegen zu Stromnetzverbindungen, Wasserspeichern und Offshore-Windenergie am Montag, den 5. Juli 2010. Vermerk. Im Archiv der Verfasserin.

Bischoff, Torsten (23.09.2010): Vorbereitung Ihres Gesprächs mit dem Sonderbeauftragten für Energie- und Klimafragen im norwegischen Außenministerium, Herrn Botschafter Leiv Lunde, am 01.10.2010, 10:00 Uhr. Vermerk für AL Rid (BMU). Im Archiv der Verfasserin.

Bischoff, Torsten (14.10.2010): Anfrage von Prognos AG Frau Helma Dirks im Auftrag von Stattnet. Vermerk für AL KI Rid (BMU). Im Archiv der Verfasserin.

Bischoff, Torsten (03.02.2011): AW: Arbeitgeberbrutto. E-Mail an Armin Steinbach (BMWi). Im Archiv der Verfasserin.

Bischoff, Torsten (27.04.2011): AW: Planung Interkonnektor NORD.LINK. E-Mail an Thomas Hinsch und Thorsten Falk (BMU). Im Archiv der Verfasserin.

Bischoff, Torsten (28.10.2011): AW: [Fwd: NorGer: New organisation]. E-Mail an Christian Dahlke (BSH). Im Archiv der Verfasserin.

Bischoff, Torsten (10.09.2012): Speicherkapazitäten in Norwegen. Anlass: Gespräche zum Energiekonzept am Freitag, den 10.09.2010. Vermerk. Im Archiv der Verfasserin.

BMU (2010a): Energiekonzept 2050. Meilensteine und Bewertungen. Online verfügbar unter http://www.bmu.de/energiewende/beschluesse_und_massnahmen/doc/46503.php.

BMU (2010b): Interkonnektoren zwischen Deutschland und Norwegen. Vermerk. Im Archiv der Verfasserin.

BMU (01.12.2010): Vorbereitung des Gesprächs mit einer norwegischen Delegation des Erdöl- und Energieministeriums am 01.12.2010. Gesprächsführungsvorschlag und Anlage: Hintergründe - Sachstand. Vermerk. Im Archiv der Verfasserin.

BMU (28.11.2011): Brief TenneT TSO GmbH vom 7. November 2011 an BM Röttgen. Stellungnahme und Antwortenentwurf. Im Archiv der Verfasserin.

BMU (06.12.2011): Brief TenneT TSO GmbH vom 7. November 2011 an BM Röttgen. Antwort des Staatssekretärs Jürgen Becker (BMU). Im Archiv der Verfasserin.

BMU (2012): Organigramm des BMU. Gesamt. Stand: Juli 2012. Berlin. Online verfügbar unter http://www.bmu.de/files/pdfs/allgemein/application/pdf/organigramm_bmu.pdf.

BMU (10.05.2012): Protokoll der 6. Sitzung der AG Offshore-Netzanbindung am 13.04.2012. Treffen von 10-13:30 Uhr im BMU/ Berlin. Im Archiv der Verfasserin.

BMU; BMWi (2011): Energiekonzept. Für eine umweltschonende, zuverlässige und bezahlbare Energieversorgung. Stand: Oktober 2011. Berlin. Online verfügbar unter http://www.bmu.de/files/pdfs/allgemein/application/pdf/energiekonzept_bundesregierung.pdf.

BMWi (2011): Eckpunktepapier für ein Netzausbaubeschleunigungsgesetz („NABEG"). Verfahrensvereinfachung, Akzeptanz, Investitionen. Berlin. Online verfügbar unter http://www.bmwi.de/BMWi/Redaktion/PDF/E/eckpunkte-netzausbau-nabeg,property=pdf,bereich=bmwi,sprache=de,rwb=true.pdf.

BMWi (03.08.2011): Rösler reist nach Norwegen. Pressemitteilung. Berlin. Online verfügbar unter http://www.bmwi.de/DE/Presse/pressemitteilungen,did=427788.html.

BMWi (2012a): Energiedaten. Ausgewählte Grafiken. Stand: 19.04.2012. Berlin. Online verfügbar unter http://www.bmwi.de/BMWi/Redaktion/PDF/E/energiestatistiken-grafiken,property=pdf,bereich=bmwi,sprache=de,rwb=true.pdf.

BMWi (2012b): Organigramm des BMWi. Gesamt. Stand: 01.06.2012. Online verfügbar unter https://www.bmwi.de/BMWi/Redaktion/PDF/M-O/organisationsplan-bmwi,property=pdf,bereich=bmwi,sprache=de,rwb=true.pdf.

BMWi (21.06.2012): Rösler: Zusage für Seekabelverbindung zwischen Norwegen und Deutschland ist ein großer Erfolg. Pressemitteilung. Online verfügbar unter http://www.bmwi.de/DE/Presse/pressemitteilungen,did=493684.html.

BMWi; BMU (2011): Der Weg zur Energie der Zukunft. Sicher, bezahlbar und umweltfreundlich. Eckpunktepapier. Stand: Juni 2011. Berlin. Online verfügbar unter http://www.erneuerbare-energien-niedersachsen.de/downloads/eckpunkte-energie.pdf.

BNetzA (2009): Positionspapier zur Netzanbindungsverpflichtung gemäß § 17 Abs. 2a EnWG. Stand: Oktober 2009. Berlin.

BNetzA (31.05.2010): Freistellung von der Regulierung im Strombereich. Verfahren gemäß Art. 7 StromhandelsVO (EG/1228/2003). Aktenzeichen: BK4-10-031. Online verfügbar unter http://www.bundesnetzagentur.de/cln_1911/DE/DieBundesnetzagentur/Beschlusskammern/1BK-Geschaeftszeichen-Datenbank/BK4-GZ/2010/2010_001bis100/BK4-10-031_BKV/BK4-10-031_BKV.html?nn=53940.

BNetzA (10.06.2010): Freistellung von der Regulierung im Strombereich. Erledigung der Ausnahmegenehmigung. Aktenzeichen: BK4-10-031. Online verfügbar unter http://www.bundesnetzagentur.de/cln_1911/DE/DieBundesnetzagentur/Beschlusskammern/1BK-Geschaeftszeichen-Datenbank/BK4-GZ/2010/2010_001bis100/BK4-10-031_BKV/BK4-10-031_Beschluss_Ruecknahme_BKV.html?nn=53940.

BNetzA (25.11.2010): Bundesnetzagentur gibt grünes Licht für erste Gleichstromverbindungsleitung nach Norwegen. Kurth: Positives Signal für die Integration erneuerbarer Energien. Berlin. Online verfügbar unter http://www.bundesnetzagentur.de/SharedDocs/Downloads/DE/BNetzA/Presse/Pressemitteilungen/2010/101125Gleichstromverbindungsleitungpdf.pdf?__blob=publicationFile.

BNetzA (26.11.2010): Freistellung von der Regulierung im Strombereich. Tenor des Beschlusses in dem Verwaltungsverfahren aufgrund des Antrags auf Freistellung von bestimmten energierechtlichen regulatorischen Vorschriften gemäß Art. 7 VO (EG) Nr. 1228/2003. Aktenzeichen: BK4-10-031. Online verfügbar unter http://www.bundesnetzagentur.de/cln_1911/DE/DieBundesnetzagentur/Beschlusskammern/1BK-Geschaeftszeichen-Datenbank/BK4-GZ/2010/2010_001bis100/BK4-10-031_BKV/BK4-10-031_Beschluss_BKV.html?nn=53940.

BNetzA (2011a): Erlöse aus grenzüberschreitendem Engpassmanagement. Bericht nach Punkt 6.5 der Engpassmanagement-Leitlinien. Berlin. Online verfügbar unter http://www.bundesnetzagentur.de/SharedDocs/Downloads/DE/BNetzA/Sachgebiete/Energie/Sonderthemen/ErloeseEngpassmanagement/Bericht6-5EMPLL2011pdf.pdf;jsessionid=257887FF2CE547E94B418E8821ADD589?__blob=publicationFile.

BNetzA (2011b): Monitoringbericht 2011. Monitoringbericht gemäß § 63 Abs. 4 EnWG i.V.m. § 35 EnWG. Bonn. Online verfügbar unter http://www.bundesnetzagentur.de/SharedDocs/Downloads/DE/BNetzA/Presse/Berichte/2011/MonitoringBericht2011.pdf?__blob=publicationFile.

BNetzA (2012): Über die Agentur. Selbstdarstellung der BNetzA auf der offiziellen Homepage der Agentur. Stand: 2012. Online verfügbar unter http://www.bundesnetzagentur.de/cln_1911/DE/DieBundesnetzagentur/UeberDieAgentur/UeberDieAgentur_node.html.

Brammert-Schröder, Imke (2011): Stromverkehr durch die Nordsee. Ein unter der Nordsee verlegtes Stromkabel soll Deutschland und Norwegen energetisch miteinander verbinden. In: Joule, H. 6, S. 14.

Brand, Ruth; Corbach, Matthias (2005): Akteure der Energiepolitik. In: Reiche, Danyel T. (Hg.): Grundlagen der Energiepolitik. Frankfurt a.M.: Peter Lang, S. 251–277.

BSH (2009): Nordsee: Festlandsockel. Ausschließliche Wirtschaftszone (AWZ). Karte. Stand: 12.03.2009. Kiel. Online verfügbar unter http://www.bsh.de/de/Meeresnutzung/Wirtschaft/CONTIS-Informationssystem/ContisKarten/NordseeDeutscherFestlandsockelAWZ.pdf.

BSH (2012): BSH kompakt - Im Dienst für Schifffahrt und Meer. Selbstdarstellung des BSH auf der offiziellen Homepage des Amtes. Stand: 2012. Online verfügbar unter http://www.bsh.de/de/Das_BSH/Organisation/BSH_kompakt/index.jsp.

BSH (20.06.2012): Entwurf Offshore-Netzplan Nordsee. Stand: 20. Juni 2012. Online verfügbar unter http://www.bsh.de/de/Meeresnutzung/Offshore-Netzplan/Dokumente/Entwurf_Offshore-Netzplan.pdf.

Bundesregierung (14.06.2000): Vereinbarung zwischen der Bundesregierung und den Energieversorgungsunternehmen vom 14. Juni 2000. Berlin. Online verfügbar unter http://www.bmwi.de/BMWi/Redaktion/PDF/V/vereinbarung-14-juni-2000,property=pdf,bereich=bmwi,sprache=de,rwb=true.pdf.

Bundesregierung (2002): Strategie der Bundesregierung zur Windenergienutzung auf See im Rahmen der Nachhaltigkeitsstrategie der Bundesregierung. Stand: Januar 2002. Berlin.

Bundesregierung (2011): Erfahrungsbericht 2011 zum Erneuerbare-Energien-Gesetz gemäß § 65 EEG vorzulegen dem Deutschen Bundestag durch die Bundesregierung. EEG-Erfahrungsbericht 2011. Berlin.

Bündner, Helmut (11.04.2011): Rückschlag für das Nordsee-Stromkabel. Für den Ausbau erneuerbaren Energien ist es wichtig, den deutschen an den norwegischen Strommarkt anzubinden. In: FAZonline. Online verfügbar unter http://www.faz.net/-gqg-yr4b.

Bündnis 90/ Die Grünen (12.04.2011): Seekabel nach Norwegen. Regierung steht auf der Leitung. Pressemitteilung. Online verfügbar unter http://www.gruene-bundestag.de/presse/pressemitteilungen/2011/april/seekabel-nach-norwegen-regierung-steht-auf-der-leitung.html.

Busshoff, Heinrich (Hg.) (1992): Politische Steuerung. Steuerbarkeit und Steuerungsfähigkeit : Beiträge zur Grundlagendiskussion. 1. Aufl. Baden-Baden: Nomos.

BWE (11.12.2008): Entwurf eines Gesetzes zu Beschleunigung des Ausbaus der Höchstspannungsnetze. Stellungnahme. Berlin. Online verfügbar unter http://www.wind-energie.de/sites/default/files/download/publication/entwurf-eines-gesetzes-zu-beschleunigung-des-ausbaus-der-hochstspannungsnetze/bwe_stellungnahme_bundestag_enlag.pdf.

BWE (2012): Aufgaben und Ziele. Selbstdarstellung des BWE auf der offiziellen Homepage des Verbandes. Stand: 2012. Online verfügbar unter http://www.wind-energie.de/verband/aufgaben-und-ziele.

Calaminus, Bernd (15.11.2010): Perspectives and the Role(s) of Storage seen from German Utility. Präsentation im Rahmen eines Workshops von CEDREN am 15./ 16.12.2010 in Düsseldorf. Online verfügbar unter http://www.cedren.no/Portals/Cedren/Pdf/Bernd%20Calaminus%20-%20EnBW.pdf.

Casey, Zoe (2012): Building bridges for our electricity. In: wd - Wind Directions, Jg. 31, H. 1, S. 30–34.

CDU; CSU; FDP (2009): Wachstum, Bildung, Zusammenhalt. Der Koalitionsvertrag zwischen CDU, CSU und FDP für die 17. Legislaturperiode. Berlin. Online verfügbar unter http://www.cdu.de/doc/pdfc/091026-koalitionsvertrag-cducsu-fdp.pdf.

CEDREN (2011a): Case Hardanger. En analyse av den formelle konsensjonsprosessen og mediedekningen knyttet til den omsøkte luftledningen Sima-Samnanger. Unter Mitarbeit von Audun Ruud, Jens J. Kielland Haug und William M. Lafferty. Oslo. Online verfügbar unter http://www.cedren.no/Portals/Cedren/Pdf/Case%20Hardanger_TR%20A7093_CEDREN.pdf.

CEDREN (2011b): Changing Currents in Norwegian Hydropower Governance? The Challenge of Reconciling Conflicting Interests. A Report Written within the GOVREP Project (Governance for Renewable Electricity Production), part of CEDREN. Unter Mitarbeit von Jorgen K. Knudsen und Audun Ruud. Oslo.

CEDREN (2011c): Høringene fungerte ikke i Hardanger (Nytt fra CEDREN, 1-2011). Online verfügbar unter http://www.cedren.no/Portals/Cedren/Pdf/Nytt%20fra%20CEDREN%20nr1-2011.pdf.

CEDREN (2011d): Norwegische Wasserkraft als Regelenergielieferant. Infoblatt. Trondheim.

CEDREN (2011e): Workshop on green battery for Europe. Düsseldorf 15-16 Dec. 2011. Stand: 2011. Online verfügbar unter http://www.cedren.no/Events/Event/tabid/3645/ArticleId/1024/Workshop-on-green-battery-for-Europe-Dusseldorf-15-16-Dec.aspx.

Clausen, Per (22.12.2010): Keine Konverterstation für Moorriem. Blogeintrag. Online verfügbar unter http://www.umspannwerk-moorriem.de/allgemein/keine-konverterstation-fur-moorriem/.

Clausen, Per (15.03.2011): NorGer Leitung könnte in Höhe des Kernkraftwerkes Unterweser ans Netz gehen. Blogeintrag. Online verfügbar unter http://www.umspannwerk-moorriem.de/allgemein/norger-leitung-konnte-in-hohe-des-kernkraftwerkes-unterweser-ans-netz-gehen/.

Clausen, Per (01.10.2011): Informationsportal NorGer & UW-Moorriem. Unabhängig recherchierte Informationen auf einen Blick. Startseite. Zuletzt aktualisiert am 01.10.2011. Online verfügbar unter http://www.umspannwerk-moorriem.de/.

Corbach, Matthias (2007): Die deutsche Stromwirtschaft und der Emissionshandel. Stuttgart: Ibidem-Verl.

Dahlke, Christian (09.09.2010): ein beispiel [sic!]: Cobra. E-Mail an Torsten Bischoff (BMU) und Armin Steinbach (BMWi). Im Archiv der Verfasserin.

DB Research (2012): Moderne Stromspeicher. Unverzichtbare Bausteine der Energiewende. Unter Mitarbeit von Josepf Auer und Jan Keil. Frankfurt am Main (Aktuelle Themen - Natürliche Ressourcen). Online verfügbar unter http://www.dbresearch.de/PROD/DBR_INTERNET_DE-PROD/PROD0000000000284196/Moderne+Stromspeicher%3A+Unverzichtbare+Bausteine+der+Energiewende.pdf.

dena (2005): dena-Netzstudie. Energiewirtschaftliche Planung für die Netzintegration von Windenergie in Deutschland an Land und Offshore bis zum Jahr 2020. Endbericht. Berlin.

dena (2010): dena-Netzstudie II. Integration erneuerbarer Energien in die deutsche Stromversorgung im Zeitraum 2015 – 2020 mit Ausblick 2025. Endbericht. Berlin.

dena (2012): Die Gesellschafter der dena. Selbstdarstellung der dena auf der offiziellen Homepage der Agentur. Stand: 2012. Online verfügbar unter http://www.dena.de/dena/unternehmen/gesellschafter.html.

Denzin, Norman K.; Lincoln, Yvonna S. (Hg.) (2005): The SAGE handbook of qualitative research. 3. Aufl. Thousand Oaks: Sage Publications.

DER SPIEGEL (1992): Einstieg in den Ausstieg. In: DER SPIEGEL, H. 48, S. 16.

Deutsche Botschaft Oslo (14.12.2010): OSLO*121: Lage auf dem NOR Strommarkt. Fernschreiben der Deutschen Botschaft in Oslo an das Auswärtige Amt, das Bundeskanzleramt, das BMWi und das BMU. Im Archiv der Verfasserin.

Deutsche Botschaft Oslo (09.08.2011): OSLO*70: DEU-NOR Energiebeziehungen. Fernschreiben der Deutschen Botschaft in Oslo an das Auswärtige Amt, das Bundeskanzleramt, das BMWi und das BMU (u.a.). Im Archiv der Verfasserin.

Deutsche Botschaft Oslo (15.02.2012): OSLO*21: Status der DEU-NOR Stromkabelprojekte. Fernschreiben der Deutschen Botschaft in Oslo an das Auswärtige Amt, das Bundeskanzleramt, das BMWi und das BMU. Im Archiv der Verfasserin.

Deutscher Bundestag (18.02.2011): Drucksache 17/4813. Schriftliche Fragen mit den in der Woche vom 14. Februar 2011 eingegangenen Antworten der Bundesregierung. Berlin. Online verfügbar unter http://dip21.bundestag.de/dip21/btd/17/048/1704813.pdf.

Deutscher Bundestag (24.03.2011): Heftiger Streit um die Energieversorgung der Zukunft. Koalitionsfraktionen und Opposition haben am Donnerstag, 24. März 2011, heftig über die Energieversorgung der Zukunft gestritten. Berlin. Online verfügbar unter http://www.bundestag.de/dokumente/textarchiv/2011/33832244_kw12_de_energie/index.html.

Deutscher Bundestag (2012a): Dr. Joachim Pfeiffer, CDU/ CSU. Biografie des Abgeordneten. Stand: 2012. Online verfügbar unter http://www.bundestag.de/bundestag/abgeordnete17/biografien/P/pfeiffer_joachim.html.

Deutscher Bundestag (2012b): Dr. Maria Flachsbarth, CDU/ CSU. Biografie der Abgeordneten. Stand: 2012. Online verfügbar unter http://www.bundestag.de/bundestag/abgeordnete17/biografien/F/flachsbarth_maria.html.

Deutscher Bundestag (21.03.2012): Drucksache 17/9001. Plenarprotokoll 17/167. Stenografischer Bericht der 167. Sitzung des deutschen Bundestages. Berlin. Online verfügbar unter http://dip21.bundestag.de/dip21/btp/17/17167.pdf.

Deutscher Bundestag (04.05.2012): Bundestagsdrucksache 17/9518. Schriftliche Fragen mit den in der Woche vom 30. April 2012 eingegangenen Antworten der Bundesregierung. Berlin. Online verfügbar unter http://dip21.bundestag.de/dip21/btd/17/095/1709518.pdf.

Deutsch-Norwegische Handelskammer; BMWi (2010): AHK-Geschäftsreiseprogramm Erneuerbare Energien. Informationsabfrage von Länderinformationen bei den Auslandshandelskammern zur Erstellung von Länderabstracts. Berlin.

DG Energy (2012): Mission statement of DG Energy. Selbstdarstellung der DG Energy auf der offiziellen Homepage des Directorate-General. Stand: 2012. Online verfügbar unter http://ec.europa.eu/dgs/energy/mission_en.htm.

Dirks, Helma (08.10.2010): Terminanfrage Nord.Link. E-Mail an Katrin Meffert (BMU). Im Archiv der Verfasserin.

Dirks, Helma (26.04.2011): Planung Interkonnektor NORD.LINK. E-Mail an Urban Rid, Thomas Hinsch und Berthold Goeke (BMU). Im Archiv der Verfasserin.

DLR; Fraunhofer IWES; IfnE (2012): Langfristszenarien und Strategien für den Ausbau der erneuerbaren Energien in Deutschland bei Berücksichtigung der Entwicklung in Europa und global. Schlussbericht. Stuttgart / Kassel / Teltow.

Dovland, Carsten (24.06.2008): Nord.Link. Präsentationsfolien vom 24.06.2008. Im Archiv der Verfasserin.

Dubbers, Elisabeth (06.12.2010): EU Infrastrukturpolitik und Veranstaltung zur [sic!] Nordsee-Netz. E-Mail an Kai Schlegelmilch (BMU). Im Archiv der Verfasserin.

DUH (2010): Plan N. Handlungsempfehlungen an die Politik. Forum Netzintergration Erneuerbare Energien. Radolfzell, 2010.

Ecofys (2011): Abschätzung der Bedeutung des Einspeisemanagements nach EEG 2009. Auswirkungen auf die Windenergieerzeugung im Jahr 2009. Ergebnisse einer Kurzstudie im Auftrag des Bundesverband Windenergie e.V. Unter Mitarbeit von Jens Bömer, Karsten Burges und Christian Nabe. Berlin. Online verfügbar unter http://www.eeg-aktuell.de/wp-content/uploads/2011/04/BWE_Ecofys_Kurzstudie_zum_EinsMan_Januar_2011.pdf.

Econ Pöyry; Thema Consulting Group (2010): Challenges for Nordic Power. How to Handle the Renewable Electricity Surplus. Oslo.

Economist Intelligence Unit (2012): Country Report Norway. April 2012. London.

EEA (2011): Agreement on the European Economic Area. Main Part. Online verfügbar unter http://efta.int/~/media/Documents/legal-texts/eea/the-eea-agreement/Main%20Text%20of%20the%20Agreement/EEAagreement.ashx.

EFTA (2011): This is EFTA 2011. Genf. Online verfügbar unter http://www.efta.int/~/media/Files/Publications/this-is-efta/tie11.pdf.

EGL (26.08.2011): EGL verkauft Anteile an NorGer-Projekt. Medienmitteilung. Dietikon. Online verfügbar unter http://www.egl.eu/content/dam/downloads/eglch/de/media/2011/MM_EGL%20verkauft%20Anteile%20an%20NorGer-Projekt.pdf.

EGL (2012): Porträt. Selbstdarstellung der EGL auf der offiziellen Homepage des Unternehmens. Stand: 2012. Online verfügbar unter http://www.egl.eu/eglch/de/home/about/portrait.html.

Eliassen, Kjell A.; Sitter, Nick (2003): Ever Closer Cooperation? The Limits of the 'Norwegian Method' of European Integration. In: Scandinavian Political Studies, Jg. 26, H. 2, S. 125–144.

Energi Norge (04.03.2010): Stoltenberg. Kraftsektoren politisk styrt. Online verfügbar unter http://www.energinorge.no/nyheter-om-nett-og-system/stoltenberg-kraftsektoren-politisk-styrt-article7808-239.html.

Energi Norge (2012): Energy Norway. Selbstdarstellung von Energi Norge auf der offiziellen Homepage des Verbandes. Stand: 2012. Online verfügbar unter http://www.energinorge.no/english/.

Energiespektrum (2011): Europas Batterie für grünen Strom. In: Energiespektrum online, H. 1, S. 22–23.

Ethik-Kommission Sichere Energieversorgung (2011): Deutschlands Energiewende. Ein Gemeinschaftswerk für die Zukunft. Berlin. Online verfügbar unter http://www.bmbf.de/pubRD/2011_05_30_abschlussbericht_ethikkommission_property_publicationFile.pdf.

Europäische Kommission (2010): Mitteilung der Kommission. Energie 2020. Eine Strategie für wettbewerbsfähige, nachhaltige und sichere Energie. Brüssel (SEK(2010) 1346).

Europäische Kommission (31.05.2010): Antwort von Herrn Oettinge rauf Anfrage E-2562/10DE im Namen der Kommission. Brüssel. Online verfügbar unter http://www.europarl.europa.eu/sides/getAllAnswers.do?reference=E-2010-2562&language=DE.

Europäisches Parlament (17.12.2008): Klima- und Energiepaket der EU. Angenommene Texte. Straßburg. Online verfügbar unter http://www.europarl.europa.eu/sides/getDoc.do?pubRef=-//EP//TEXT+TA+20081217+ITEMS+DOC+XML+V0//DE&language=DE.

ewi; gws; Prognos AG (2010): Energieszenarien für ein Energiekonzept der Bundesregierung. Studie für das BMWi. Unter Mitarbeit von Michael Schlesinger, Dietmar Lindenberger und Christian Lutz. Basel/ Köln/ Osnabrück. Online verfügbar unter http://www.bmu.de/files/pdfs/allgemein/application/pdf/energieszenarien_2010.pdf

Falk, Thorsten (04.02.2010a): AW: Termin-Anfrage NorGer KS. E-Mail an AL Rid (BMU). Im Archiv der Verfasserin.

Falk, Thorsten (04.02.2010b): AW: Termin-Anfrage NorGer KS. E-Mail an Torsten Bischoff (BMU). Im Archiv der Verfasserin.

Falk, Thorsten (10.06.2010): AW: Anfrage Referent Netzausbau. E-Mail an Torsten Bischoff (BMU). Im Archiv der Verfasserin.

Falk, Thorsten (16.05.2011): AW: Beitrag Bewertung Papier der Koalitions AG Energie. E-Mail an Konrad Hölzl, Thomas Hinsch und Torsten Bischoff (BMU). Im Archiv der Verfasserin.

Falk, Thorsten (20.01.2012): Präsentation im Rahmen der Arbeitsgruppe „Offshore Netzanbindung" im Rahmen der Plattform für „Zukunftsfähige Energienetze" des BMU. Am 20.01.2012 in Berlin. Im Archiv der Verfasserin.

FDP Bundestagsfraktion (21.06.2012): Seekabel nach Norwegen stärkt Versorgungssicherheit. Pressemitteilung. Berlin. Online verfügbar unter http://16wp.fdp-fraktion.de/files/541/493-Breil-Seekabel_nach_Norwegen.pdf.

Fenger, Menno; Klok, Pieter-Jan (2001): Interdependency, Beliefs, and Coalition Behavior: A Contribution to the Advocacy Coalition Framework. In: Policy Sciences, Jg. 34, H. 2, S. 157–170.

Flick, Uwe (Hg.) (2000): Qualitative Forschung. Theorie, Methoden, Anwendung in Psychologie und Sozialwissenschaften. Orig.-Ausg., 5. Aufl. Reinbek bei Hamburg: Rowohlt-Taschenbuch-Verl. (Rororo Rowohlts Enzyklopädie, 55546).

FNF (2012): Dette er forum for natur og frisluftsliv! Selbstdarstellung des FNF auf der offiziellen Homepage des Verbandes. Stand: 2012. Online verfügbar unter http://www.fnf-nett.no/default.ASP?WCI=DisplayGroup&WCE=18&DGI=18.

Fücks, Ralf; Unmüßig, Barbara; Rosenkranz, Gerd, et al. (Hg.) (2006): Mythos Atomkraft. Ein Wegweiser. 1. Aufl. Berlin: Heinrich-Böll-Stift.

Gramlich, Ludwig (2012): Regulating Energy Supranationally. EU Energy Policy. In: Herrmann, Christoph; Terhechte, Jörg Philipp (Hg.): European Yearbook of International Economic Law 2012. 3 Bände. Heidelberg / Dordrecht / London / New York: Springer Verlag, S. 371–404.

Greenpeace (2008): Energierevolution auf dem Meer. Deutsche Zusammenfassung des Greenpeace-Reports „Die [R]Evolution des Stromnetzes in der Nordsee". Hamburg. Online verfügbar unter http://www.greenpeace.de/fileadmin/gpd/user_upload/themen/energie/Greenpeace_Report_Energierevolution_auf_dem_Meer.pdf.

Greenpeace; EUtech (2009): Klimaschutz. Plan B. Energiekonzept für Deutschland. Langfassung. Unter Mitarbeit von Katja Barzantny, Sigrid Achner und Sebastian Vomberg. Hamburg. Online verfügbar unter http://www.greenpeace.de/fileadmin/gpd/user_upload/themen/klima/Plan_B_2050_lang.pdf.

Groß, Hermann; Rothholz, Walter (2009): Das Politische System Norwegens. In: Ismayr, Wolfgang (Hg.): Die politischen Systeme Westeuropas. 4. Aufl. Wiesbaden: VS, Verl. für Sozialwiss.

Gtai (17.09.2010): Energiewirtschaft Norwegen 2010. Online verfügbar unter http://www.gtai.de/GTAI/Navigation/DE/Trade/maerkte,did=71354.html.

Gullberg, Anne Therese (2011): Access to climate policy-making in the European Union and in Norway. In: Environmental Politics, Jg. 20, H. 4, S. 464–484.

H&H Consulting (24.10.2011): H&H Consulting kommuniziert nicht mehr für NorGer. E-Mail an Verteiler. Im Archiv der Verfasserin.

H&H Consulting (2012): Management der H&H Consulting. Selbstdarstellung der H&H Consulting auf der offiziellen Homepage des Unternehmens. Stand: 2012. Online verfügbar unter http://www.huh-consulting.de/manage.html.

Hagem, Bente (05.07.2010): Connecting Different Power Systems. Präsentation im Rahmen eines Workshops im BMU. Im Archiv der Verfasserin.

Hansen, Frank-Peter (18.06.2007): Stromhandel und Engpassmanagement. Eine nicht nur europäische Perspektive. Präsentation auf dem Kolloquium Europäische Energiewirtschaft am 18. Juni 2007 in Erlangen. Online verfügbar unter http://www.economics.phil.uni-erlangen.de/forschung/energie/ko_e_strw07/Hansen.pdf.

Harrenberg, Jens (25.10.2011): NorGer: New organization. E-Mail an Verteiler. Im Archiv der Verfasserin.

Herrmann, Christoph; Terhechte, Jörg Philipp (Hg.) (2012): European Yearbook of International Economic Law 2012. 3 Bände. Heidelberg / Dordrecht / London / New York: Springer Verlag.

Hinsch, Thomas (14.02.2011): AW: Schriftliche Frage MdB Nestle Nr. 2/96-2/97 AUS SCHNELLBRIEF - Seekabel / Stromnetze - Federführung BMWi. E-Mail an Torsten Bischoff (BMU). Im Archiv der Verfasserin.

Hochstätter, Matthias (25.01.2010): Termin-Anfrage NorGer KS. E-Mail an Elvira Lorenz (BMU). Im Archiv der Verfasserin.

Hochstätter, Matthias (09.06.2010): Anfrage Referent Netzausbau. E-Mail an Torsten Bischoff (BMU). Im Archiv der Verfasserin.

Hochstätter, Matthias (26.10.2010): NorGer - Update Problem KraftNAV. E-Mail an Torsten Bischoff (BMU). Im Archiv der Verfasserin.

Hochstätter, Matthias (06.04.2011): NorGer - DG Energy will Ausnahmegenehmigung verweigern. E-Mail an Joachim Pfeiffer (CDU/ CSU-Bundestagsfraktion). Im Archiv der Verfasserin.

Hochstätter, Matthias (07.04.2011): NorGer zieht Antrag auf Ausnahme von der Regulierung zurück. E-Mail an Joachim Pfeiffer (CDU/ CSU-Bundestagsfraktion). Im Archiv der Verfasserin.

Hochstätter, Matthias (11.05.2011): Blockierte Netzanschlusskapazitäten stillgelegter AKW. E-Mail an Torsten Bischoff und Volker Oschmann (BMU). Im Archiv der Verfasserin.

Hochstätter, Matthias (20.05.2011): NABEG - Begriffsbestimmung Interkonnektor im EnWG. E-Mail an Torsten Bischoff, Thorsten Falk (BMU), Dieter Mentz und Armin Steinbach (BMWi). Im Archiv der Verfasserin.

Hopf, Christel (2000): Qualitative Interviews. Ein Überblick. In: Flick, Uwe (Hg.): Qualitative Forschung. Theorie, Methoden, Anwendung in Psychologie und Sozialwissenschaften. Orig.-Ausg., 5. Aufl. Reinbek bei Hamburg: Rowohlt-Taschenbuch-Verl. (Rororo Rowohlts Enzyklopädie, 55546), S. 349–360.

Ide, Anne-Maria (06.10.2011): WG: Termin 10.10.2011 - DS - GU Treffen BKin mit NOR MP Stoltenberg. E-Mail an Mitarbeiter des BMU. Im Archiv der Verfasserin.

Immergut, Ellen (1997): The Normative Roots of the New Institutionalism. Historical Institutionalism and Comparative Policy Studies. In: Benz, Arthur; Seibel, Wolfgang (Hg.): Theorieentwicklung in der Politikwissenschaft. Eine Zwischenbilanz. 1. Aufl. Baden-Baden: Nomos, S. 325–356.

Industri Energi (24.06.2011): Brief an Direktor des NVE. Industri Energi ber NVE om å avvise konsesjonssøknadene for sjøkabelprosjektene NorGer KS og NORD-LINK. Oslo.

Innovation Norway (2011): Four Objectives Thousands of Results. Annual Report 2011. Online verfügbar unter http://www.innovasjonnorge.no/PageFiles/977/Aarsbrosjyre2011_ORG_tiltrykk_ENG_LR.pdf?epslanguage=no.

Ismayr, Wolfgang (Hg.) (2009): Die politischen Systeme Westeuropas. 4. Aufl. Unter Mitarbeit von Hermann Groß und Markus Soldner. Wiesbaden: VS, Verl. für Sozialwiss.

IWES (2011): Energiewirtschaftliche und ökologische Bewertung eines Windgas-Angebotes. Gutachten im Auftrag von Greenpeace Energy. Unter Mitarbeit von Michael Sterner, Mareike Jentsch und Uwe Holzhammer. Fraunhofer Institut für Windenergie und Energiesystemtechnik (IWES). Kassel. Online verfügbar unter http://www.greenpeace-energy.de/fileadmin/docs/sonstiges/Greenpeace_Energy_Gutachten_Windgas_Fraunhofer_Sterner.pdf.

Jänicke, Martin; Kunig, Philip; Stitzel, Michael (2003): Lern- und Arbeitsbuch Umweltpolitik. Politik, Recht und Management des Umweltschutzes in Staat und Unternehmen. 2. Aufl. Bonn: Dietz.

Jørgensen, Sten Inge (2011): Vil ikke bruke Norge som batteri. In: Morgenbladet Online. Online verfügbar unter http://morgenbladet.no/samfunn/2011/vil_ikke_bruke_norge_som_batteri.

Keohane, Robert; Nye, Joseph S. (2000): Introduction. In: Nye, Joseph S.; Donahue, John D. (Hg.): Governance in a globalizing world. Cambridge, Mass/ Washington, D.C: Visions of Governance for the 21st Century; Brookings Institution Press, S. 1–44.

KfW (2012): KfW im Überblick. Zahlen und Fakten. Frankfurt am Main. Online verfügbar unter http://www.kfw.de/kfw/de/I/II/Download_Center/Fachthemen/Kompass_und_Imagebroschuere/KfW_Fly_KfW_Ueberblick_ONLINE_110202.PDF.

Kingdon, John W. (1995): Agendas, Alternatives and Public Policies. 2. Aufl. New York: Longman.

Kriesi, Hanspeter (2007): Vergleichende Politikwissenschaft. Teil I. Grundlagen. 1. Aufl. Baden-Baden: Nomos.

Kvale, Steinar (1996): Interviews. An introduction to qualitative research interviewing. London: Sage.

Lange, Bernd (20.04.2010): Schriftliche Anfrage E-2562/10 an die Kommission. Rechtsstatus von Interkonnektoren. Online verfügbar unter http://www.europarl.europa.eu/sides/getDoc.do?pubRef=-//EP//TEXT+WQ+E-2010-2562+0+DOC+XML+V0//DE.

Lange, Bernd (2012): Biografisches. Lebenslauf von Bernd Lange auf seiner Homepage. Stand: 2012. Online verfügbar unter http://www.bernd-lange.de/content/18731.php.

Larsen, Stein Vegar (13.01.2012): Interconnectors. Technical and Regulatory Challenges. Präsentation im Rahmen eines Workshops von ZERO. Veranstaltung vom 13.01.2012. Berlin. Im Archiv der Verfasserin.

Lauen, Edvard (2008): Connecting Renewables in Norway and Germany. Präsentation. Im Archiv der Verfasserin.

LBEG (2011): Landesamt für Bergbau, Energie und Geologie. Selbstdarstellung des LBEG auf der offiziellen Homepage des Amtes. Stand: 2011. Online verfügbar unter http://www.lbeg.niedersachsen.de/download/1068.

Lindberg, Marie (2012): Possibilities for Electricity Exchange between Norway and Germany. Unter Mitarbeit von Tina Bangsund Olsen, Marte Bakken und Einar Wilhelmsen. ZERO (Zero Emission Resoruce Organisation). Oslo.

Linnemann, Christian; Moser, Albert (2011): Einfluss von HGÜ-Verbindungen auf Markt und Netz. In: ZfE - Zeitschrift für Energiewirtschaft, Jg. 35, H. 2, S. 117–123.

Lübbert, Daniel (2009): Hochspannungs-Gleichstrom-Übertragung (HGÜ). Aktueller Begriff. Wissenschaftlicher Dienst des Deutschen Bundestages. Berlin. Online verfügbar unter http://www.bundestag.de/dokumente/analysen/2009/hochspannungs-gleichstrom-uebertragung.pdf.

Lund, Oddvin (15.02.2011): Norsk strømkrise. En bløff. Online verfügbar unter http://www.turistforeningen.no/article.php?ar_id=26816&fo_id=15.

Manzke, Uwe (2012): Von der Hand in den Mund. Bis zum Netzkollaps? In: Energiespektrum online, H. 1, S. 20–21.

Marks, Gary; Hooghe, Lisbeth (2004): Contrasting Visions of Multi-level Governance. In: Bache, Ian; Flinders, Matthew V. (Hg.): Multi-level governance. Oxford: Oxford University Press, S. 15–30.

Matthes, Felix Christian (2006): Atomenergie und Klimawandel. In: Fücks, Ralf; Unmüßig, Barbara; Rosenkranz, Gerd; Frogatt, Antony; Kreusch, Jürgen; Neumann, Wolfgang; Appel, Detlef; Diehl, Peter; Nassauer, Otfried (Hg.): Mythos Atomkraft. Ein Wegweiser. 1. Aufl. Berlin: Heinrich-Böll-Stift, S. 313–373.

Matti, Simon; Sandström, Annica (2011): The Rationale Determining Advocacy Coalitions: Examining Coordination Networks and Corresponding Beliefs. In: Policy Studies Journal, Jg. 39, H. 3, S. 385–410.

Mayntz, Renate (1997): Soziale Dynamik und politische Steuerung. Theoretische und methodologische Überlegungen. Frankfurt [u.a.]: Campus-Verl.

MELV (29.03.2011): Landesplanerische Feststellung. Raumordnungsverfahren mit integrierter Umweltverträglichkeitsprüfung für eine HGÜ-Kabelverbindung zwischen Deutschland und Norwegen (Projekt NorGer). Planungsträger: NORGER KS. Oldenburg. Online verfügbar unter http://www.mi.niedersachsen.de/ps/tools/download.php?file=/live/institution/dms/mand_33/psfile/docfile/95/landesplan4d8c772d8bc1e.pdf&name=landesplanerische_Feststellung_Text&disposition=attachment.

Meyer, John W.; Rowan, Brian (1977): Institutionalized Organizations. Formal Structure as Myth and Ceremony. In: The American Journal of Sociology, Jg. 83, H. 2, S. 340–363.

Mihm, Andreas (15.06.2012): Berlin dringt auf Stromanschluss in Norwegen. Erstes Kabel nach Deutschland könnte 2018 in Betrieb gehen. KfW soll bei Finanzierung helfen. In: FAZ, Ausgabe 137, S. 11.

MLUR (2011): Integriertes Energie- und Klimakonzept für Schleswig Holstein. Stand: Oktober 2011. Kiel. Online verfügbar unter http://www.schleswig-holstein.de/MELUR/DE/Service/Broschueren/Umwelt/pdf/Integriertes_Energie_und_Klimakonzept__blob=publicationFile.pdf.

MLUR (02.08.2012): Energiewendeminister Habeck setzt auf Seekabel zwischen Deutschland und Norwegen. Norwegischer Netzbetreiber reicht Antrag für Planfeststellung ein. Kiel. Online verfügbar unter http://www.schleswig-holstein.de/MELUR/DE/Service/Presse/PI/2012_neu/0812/MELUR_120801_nordlink.html.

Münch, Richard (1992): Gesellschaftliche Dynamik und politische Steuerung. Die Kontrolle technischer Risiken. In: Busshoff, Heinrich (Hg.): Politische Steuerung. Steuerbarkeit und Steuerungsfähigkeit : Beiträge zur Grundlagendiskussion. 1. Aufl. Baden-Baden: Nomos, S. 81–106.

Niedermayer, Oskar; Stöss, Richard; Haas, Melanie (Hg.) (2006): Die Parteiensysteme Westeuropas. 1. Aufl. Wiesbaden: VS, Verl. für Sozialwiss.

Niedersächsische Staatskanzlei (11.06.2012): NorGer-Kabel. Raumordnungsverfahren beginnt. Hannover. Online verfügbar unter http://www.netzausbau-niedersachsen.de/ereignisse/110610-rov-norger--kabel/index.html.

Nilsson, Måns; Nilsson, Lars J.; Ericsson, Karin (2009): The rise and fall of GO trading in European renewable energy policy. The role of advocacy and policy framing. In: Energy Policy, Jg. 37, H. 11, S. 4454–4462.

Nord Pool Spot (2012): Europe's Leading Power Markets. Presentation. Online verfügbar unter http://www.nordpoolspot.com/Global/Download%20Center/Annual-report/Nord-Pool-Spot_Europe%27s-leading-power-markets_August-2012.pdf.

NorGer KS (26.02.2010): Rechtssicherheit für Interkonnektoren. Positionspapier. Im Archiv der Verfasserin, 26.02.2010.

NorGer KS (23.06.2010): Norwegische Statnett wird neuer NorGer-Partner. Pressemitteilung. Oslo/ Zürich/ Berlin.

NorGer KS (29.03.2011): Raumordnungsverfahren für NorGer abgeschlossen. 1.400 Megawatt norwegische Wasserkraft für Niedersachsen rücken näher / Vorbereitung. Im Archiv der Verfasserin.

NorGer KS (31.03.2011): Memo zum Treffen zwischen DG Energy, BNetzA, NorGer KS und norwegischem Energieministerium. Im Archiv der Verfasserin.

NorGer KS (27.05.2011): Stellungnahme der NorGer KS zum NABEG-Entwurf des BMWi vom 20.05.2011. Im Archiv der Verfasserin.

Norsk Industri (2012): Federation of Norwegian Industries. Selbstdarstellung von Norsk Industrie auf der offiziellen Homepage des Verbandes. Stand: 2012. Online verfügbar unter http://www.norskindustri.no/english/.

Norsk Industri; Energi Norge; Landesorganisasjon i Norge (2011): Industri og kraft. Felles plattform for økt verdiskaping. Online verfügbar unter http://www.lo.no/Documents/naringspolitikk/felles_plattform_06122011.pdf.

Norway Exports (31.08.2011): Exploiting Norway's Hydropower Potential. Online verfügbar unter http://www.nortrade.com/en/sectors/articles/exploiting-norways-hydropower-potential/.

Norwegische Botschaft; Innovation Norway (25.11.2011): Unterlagen zu der Konferenz "Mastering Green Energy Market Challenges - Perspectives for Germany and Norway". Im Archiv der Verfasserin.

Norwegisches Parlament (2008): Agreement on Norway's Climate Policy. Responses to the 2007 White Paper "Norway's climate policy". Oslo. Online verfügbar unter http://www.regjeringen.no/upload/MD/Vedlegg/Klima/Agreement_on_Norways_climate_policy_080117.pdf.

Nye, Joseph S.; Donahue, John D. (Hg.) (2000): Governance in a globalizing world. Cambridge, Mass/ Washington, D.C: Visions of Governance for the 21st Century; Brookings Institution Press.

Nysted, Tom (16.11.2011): Slipp Borten Moe fri. In: Dagens Næringsliv online. Online verfügbar unter http://www.ae.no/ae/presserom/nyheter/article57287.ece.

OECD (2010a): OECD Economic Survey Norway. Figure 3.1 Total Primary Energy Supply and GHG Emissions per Capita. Norway and Selected Countries. Paris. Online verfügbar unter http://dx.doi.org/10.1787/808761870324.

OECD (2010b): OECD economic surveys. Norway 2010. Paris: OECD Pub.

OECD (2012): OECD Economic Surveys. Norway 2012. Paris: OECD Pub.

OED (2012): Minister of Petroleum and Energy Ola Borten Moe. Biografie des norwegischen Energieministers auf der offiziellen Homepage des Ministeriums. Stand: 2012. Online verfügbar unter http://www.regjeringen.no/en/dep/oed/the-ministey/minister-of-petroleum-and-energy-mr-ola-.html?id=635164.

Oehler, H. (2010): Liberalisierung der Energiemärkte. In: Zahoransky, Richard; Allelein, Hans-Josef (Hg.): Energietechnik. Systeme zur Energieumwandlung. Kompaktwissen für Studium und Beruf. 5. Aufl. Wiesbaden: Vieweg + Teubner, S. 396–410.

openPetition (16.03.2011): Energiewirtschaft - "Seekabel" als Bestandteil alternativer Stromversorgung. Gesammelte Unterschriften im Petitionszeitraum und Gesammelte Unterschriften pro Tag in den letzten zwei Wochen. Stand: 16.03.2011. Online verfügbar unter https://www.openpetition.de/petition/statistik/energiewirtschaft-seekabel-als-bestandteil-alternativer-stromversorgung.

Petersen, Niels Hendrick (2012): Run auf den Speicher. Wasserstoff und Methan gelten als heiße Anwärter, um Ökostrom zu konservieren. In: Erneuerbare Energien, H. 3, S. 16–19.

Pfeiffer, Joachim (20.12.2006): Energiepartnerschaft mit Norwegen vertiefen. Pressemitteilung. Online verfügbar unter http://www.cducsu.de/Titel__pressemitteilung_energiepartnerschaft_mit_norwegen_vertiefen/TabID__6/SubTabID__7/InhaltTypID__1/InhaltID__5423/Inhalte.aspx.

Pfeiffer, Joachim (07.05.2009): Wer Ja zu erneuerbaren Energien sagt, der muss auch Ja zu einem beschleunigten Netzausbau sagen. Rede zur zweiten und dritten Beratung Bundesregierung zum EnLAG. Online verfügbar unter http://www.cducsu.de/Titel__rede_wer_ja_zu_erneuerbaren_energien_sagt_der_muss_auch_ja_zu_einem_beschleunigten_netzausbau_sagen/TabID__1/SubTabID__2/InhaltTypID__2/InhaltID__12984/Inhalte.aspx.

Pfeiffer, Joachim (20.08.2011): Norwegen – Schlaraffenland für die europäische Energieversorgung. Pressemitteilung. Online verfügbar unter http://www.joachim-pfeiffer.info/suchen.php?we_objectID=965&pid=0.

Pfeiffer, Joachim (21.06.2012): Stromkabelverbindung nach Norwegen kommt. Pressemitteilung. Berlin. Online verfügbar unter http://www.cducsu.de/Titel__pressemitteilung_stromkabelverbindung_nach_norwegen_kommt/TabID__6/SubTabID__7/InhaltTypID__1/InhaltID__22468/Inhalte.aspx.

Piattoni, Simona (2010): The Theory of Multi-level Governance. Conceptual, Empirical, and Normative Challenges. Oxford: Oxford University Press.

Power Engineering (10.01.2008): Statnett and E.ON mull Norway-Germany Subsea Cable. Online verfügbar unter http://www.power-eng.com/content/pe/en/articles/2008/01/statnett-and-eon-mull-norway-germany-subsea-cable.html, zuletzt geprüft am 25.03.2012, Homepage offline.

Prittwitz, Volker; Wegrich, Kai (1994): Politikanalyse. Opladen: Leske + Budrich.

Prognos (2010): Wir geben Orientierung. Selbstdarstellungsbroschüre. Online verfügbar unter http://www.prognos.com/fileadmin/pdf/downloads/Prognos_Unternehmensportrait_web.pdf.

Prognos AG; Statnett (17.02.2012): Statnett beteiligt Schleswig-Holsteiner an der Planung des NORD.LINK-Stromkabels von Norwegen nach Deutschland. Pressemitteilung. Rendsburg / Oslo. Online verfügbar unter http://www.prognos.com/fileadmin/pdf/beratungsfelder/infrastruktur_dialogverfahren/PM_NORD_LINK_Statnett_beteiligt_Schleswig-Holsteiner_2012-02-17.pdf.

Prognos; Ökoinstitut (2009): Modell Deutschland. Klimaschutz bis 2050. Studie im Auftrag vom WWF Deutschland. Basel/ Berlin. Online verfügbar unter http://www.prognos.com/fileadmin/pdf/publikationsdatenbank/Prognos_WWF_Modell_DE_-_Endbericht_final_2009-10-15.pdf.

Ralf Becker (17.05.2011): Blockierte Netzanschlusskapazitäten stillgelegter AKW. E-Mail u.a. an Torsten Bischoff, Michael Blohm (BMU), Anja Hoffmann,Alexandra Kühne, Luisa Rölke (UBA). Im Archiv der Verfasserin.

Reiche, Danyel T. (2004): Rahmenbedingungen für erneuerbare Energien in Deutschland. Möglichkeiten und Grenzen einer Vorreiterpolitik. Frankfurt am Main / New York: P. Lang.

Reiche, Danyel T. (Hg.) (2005): Grundlagen der Energiepolitik. Unter Mitarbeit von Ruth Brand, Matthias Corbach und Klaus Töpfer et al. Frankfurt am Main: Peter Lang.

Reuters (12.10.2011): Stadtwerke fordern Energieministerium. Die Stadtwerke in Deutschland haben sich für die Gründung eines Energieministeriums ausgesprochen. In: Handelsblatt online. Online verfügbar unter http://www.handelsblatt.com/politik/deutschland/energiepolitik-stadtwerke-fordern-energieministerium/4746746.html.

Reuters (22.03.2012): Regierung offen für KfW-Einstieg beim Wind-Offshore-Ausbau. Agentur-Meldung. Online verfügbar unter http://www.offshore-stiftung.com/60005/Uploaded/Offshore_Stiftung|120322_Reuters.pdf.

Reutter, Thomas (20.9.2010): Ökostrom in der Sackgasse. Wie die Bundesregierung sauberen Strom aus Norwegen blockiert. Schriftliche Zusammenfassung der Fernsehsendung (Report Mainz). Online verfügbar unter http://www.swr.de/report/-/id=233454/nid=233454/did=6770834/1uxeb5l/index.html.

Romsaas, Gunnar (07.10.2011): SV: Your request 23rd of August. E-Mail an Kai Schlegelmilch (BMU). Im Archiv der Verfasserin.

Röttgen, Norbert (02.02.2011): Schreiben von Herrn Manfred Kolbe (MdB) zu Strom aus norwegischer Wasserkraft vom 12.11.2010. MB 9884/10. Im Archiv der Verfasserin.

Rudzio, Wolfgang (2006): Das politische System der Bundesrepublik Deutschland. 7. Aufl. Wiesbaden: VS, Verl. für Sozialwiss.

Ruud, Audun; Knudsen, Jorgen K. (2009): Renewable Energy Policy Making in the EU. What has been the Role of Norwegian Stakeholders? SINTEF Energy Research. Trondheim.

Ruud, Audun; Knudsen, Jorgen K. (2011): Changing Currents in Norwegian Hydropower Governance? The Challenge of Reconciling Conflicting Interests. Report. SINTEF Energy Research. Trondheim. Online verfügbar unter http://www.sintef.no/upload/642BCd01.pdf.

RWE (06.09.2011): RWE schließt Verkauf des Mehrheitsanteils an Amprion ab. Pressemitteilung. Essen. Online verfügbar unter http://www.rwe.com/web/cms/de/37110/rwe/presse-news/pressemitteilungen/pressemitteilungen/?pmid=4006769.

Sabatier, Paul A. (1988): An Advocacy Coalition Framework of Policy Change and the Role of Policy-Oriented Learning therein. In: Policy Sciences, Jg. 21, H. 2/3, S. 129–168.

Sabatier, Paul A. (1998): The Advocacy Coalition Framework. Revisions and Relevance for Europe. In: Journal of European Public Policy, Jg. 5, H. 1, S. 98–130.

Sabatier, Paul A. (Hg.) (2007): Theories of the policy process. Boulder, Colo.: Westview Press.

Sabatier, Paul A.; Weible, Christopher M. (2007): The Advocacy Coalition Framework. Innovations and Clarifications. In: Sabatier, Paul A. (Hg.): Theories of the policy process. Boulder, Colo.: Westview Press, S. 189–220.

Schiffer, Hans-Wilhelm (2008): Energiemarkt Deutschland. 10., vollst. neu bearb. Aufl. Köln: TÜV Media (Praxiswissen Energie und Umwelt).

Schlegelmilch, Kai (12.06.2010): AW: Eilt - Norwegen Workshop. E-Mail an Dorte Dahl Groennevet (norwegisches Außenministerium). Im Archiv der Verfasserin.

Schlegelmilch, Kai (13.09.2011): WG: UK - Norway interconnectors. E-Mail von Kai Schlegelmilch an Matthias Hochstätter. Im Archiv der Verfasserin.

Schön, Susanne; Kruse, Sylvia; Meister, Martin; Nölting, Benjamin; Ohlhorst, Dörte (2007): Handbuch Konstellationsanalyse. Ein interdisziplinäres Brückenkonzept für die Nachhaltigkeits-, Technik- und Innovationsforschung. München: oekom.

Schramm, Stefanie (25.11.2010): Speicherplatz für Ökostrom. So wird schwarze Kohle grün. In: Zeit, Ausgabe 48, S. 39. Online verfügbar unter http://www.zeit.de/2010/48/Pumpspeicherkraftwerk.

Schubert, Klaus (1991): Politikfeldanalyse. Eine Einführung. Opladen: Leske+Budrich.

Schultz, Stefan (04.02.2011): Oettinger will Stromnetz mit EU-Anleihe finanzieren. Interview mit Energiekommissar Günther Oettinger. In: Spiegel online. Online verfügbar unter http://www.spiegel.de/wirtschaft/soziales/energiegipfel-oettinger-will-stromnetz-mit-eu-anleihe-finanzieren-a-743519.html.

Schultz, Stefan (12.04.2011): Bürokratie-Streit bremst deutsche Energiewende. Nordseekabel. Online verfügbar unter http://www.spiegel.de/wirtschaft/unternehmen/nordseekabel-buerokratie-streit-bremst-deutsche-energiewende-a-756481.html.

SEFEP (2012): Norway and the North Sea Grid. Key Positions and Players in Norway, from a Norwegian Perspective. Unter Mitarbeit von Atle Midttun, Tiina Ruohonen und Raffaele Piria. Berlin (SEFEP working paper, 2012-1).

Skog, Jan-Erik; Koreman, Kees; Pääjärvi, Bo; Worzyk, Thomas; Andersröd, Thomas (2005): The NorNed HVDC Cable Link. A Power Transmission Highway between Norway and the Netherlands. Oslo/ Arnhem/ Ludvika/ Karlskrona. Online verfügbar unter http://www05.abb.com/global/scot/scot221.nsf/veritydisplay/f3a6c2afe601d185c125718e002e3823/$file/the%20norned%20hvdc%20cable%20link.pdf.

Skudelny, Judith (24.02.2011): Erläuterung zum Projekt NorGer. Hochspannungs-Gleichstrom-Übertragung (HGÜ) durch die Nordsee zwischen Norwegen und Deutschland. Berlin. Online verfügbar unter http://www.judith-skudelny.de/files/33904/Buerger_Info_zum_Projekt_NorGer.pdf.

SPD (26.01.2011): Das schwarz-gelbe ‚Energiekonzept' ist am Ende. Pressemitteilung der SPD-Bundestagsfraktion. Berlin. Online verfügbar unter http://www.spdfraktion.de/presse/pressemitteilungen/Das_schwarz-gelbe_%E2%80%9EEnergiekonzept%E2%80%9C_ist_am_Ende.

Sprenger, Mona (11.11.2009): Krystallklart nei til NorGer. Statnett skal eie utenlandsforbindelsene, mener statsråd Terje Riis-Johansen. Oslo. Online verfügbar unter http://www.tu.no/energi/2009/11/11/krystallklart-nei-til-norger.

SRU (2011): Wege zur 100% erneuerbaren Stromversorgung. Sondergutachten. Berlin. Online verfügbar unter http://www.umweltrat.de/SharedDocs/Downloads/DE/02_Sondergutachten/2011_07_SG_Wege_zur_100_Prozent_erneuerbaren_Stromversorgung.pdf;jsessionid=3AED83F06A16C04B44C7CFB9A96A21FD.1_cid137?__blob=publicationFile.

SRU (2012): 40 Jahre Sachverständigenrat für Umweltfragen. Selbstdarstellung des SRU auf der offiziellen Homepage des Sachverständigenrates. Stand: 2012. Online verfügbar unter http://www.umweltrat.de/DE/DerSachverstaendigenratFuerUmweltfragen/40JahreSRU/auftrag_node.html.

Stake, Robert E. (2005): Qualitative Case Studies. In: Denzin, Norman K.; Lincoln, Yvonna S. (Hg.): The SAGE handbook of qualitative research. 3. Aufl. Thousand Oaks: Sage Publications, S. 443–465.

Statkraft (2011): Annual Report. Annual Sustainability Report. Oslo. Online verfügbar unter http://www.statkraft.com/Images/Statkraft_2010_ENG_tcm9-15798.pdf.

Statnett (2011a): Nord.Link. +/- 500-kV-HGÜ Interkonnektor Tonstad – Brunsbüttel. Trassenabschnitt AWZ. Antragsunterlage zur Genehmigung nach § 133 BbergG. Stand 26.08.2011. Im Archiv der Verfasserin.

Statnett (2011b): Seekabel Nord.Link. Karte Anlandestelle Deutschland. Im Archiv der Verfasserin.

Statnett (30.03.2011): Nord.Link to enter second stage of German licensing process. Pressemitteilung. Oslo. Online verfügbar unter http://www.statnett.no/en/News/News-archive-Temp/News-archive-2011/NordLink-to-enter-second-stage-of-German-licensing-process-/.

Statnett (11.07.2011): Statnett's ownership interest in NorGer growing. Oslo. Online verfügbar unter http://www.statnett.no/en/News/News-archive-Temp/News-archive-2011/Statnetts-ownership-interest-in-NorGer-growing-/.

Statnett (18.08.2011): New analyses of South Norway grid. Press Release. Oslo. Online verfügbar unter http://www.statnett.no/en/News/News-archive-Temp/News-archive-2011/New-analyses-of-South-Norway-grid/.

Statnett (23.08.2011): German interconnectors under joint management. Pressemitteilung. Online verfügbar unter http://www.statnett.no/en/News/News-archive-Temp/News-archive-2011/German-interconnectors-under-joint-management/.

Statnett (28.09.2011): Summary of "Area study Southern Norway – Consequences of increased interconnector capacity". Oslo. Online verfügbar unter http://www.statnett.no/Documents/Nyheter_og_media/Nyhetsarkiv/Vedlegg%20til%20nyhetssaker/Vedlegg%202011/English%20summary%20of%20Area%20study%20Southern%20Norway.pdf.

Statnett (2012): Main Grid Operator. Selbstdarstellung von Statnett auf der offiziellen Homepage des Unternehmens. Stand: 2012. Online verfügbar unter http://www.statnett.no/en/About-Statnett/What-Statnett-does/Main-Grid-Operations/.

Statnett (14.06.2012): Agreement to realize electricity interconnector between Germany and Norway. Press Statement. Online verfügbar unter http://www.norger.biz/media/uploads/press/press_releases/Press_statement.pdf.

Statnett (26.08.2012): State of the Nordic Power System Map. Stundenaktuell. Stand: 26.08.2012, 15 Uhr. Online verfügbar unter http://www.statnett.no/en/The-power-system/Production-and-consumption/State-of-the-Nordic-Power-System-Map/.

Statnett; Landesregierung Schleswig-Holstein (30.03.2012): Seekabel-Projekt NORD.LINK soll Deutschland und Norwegen verbinden. Wirtschaftsminister de Jager: „Ein Bindeglied zwischen Wind- und Wasserkraft". Oslo/ Kiel. Online verfügbar unter http://www.prognos.com/fileadmin/pdf/beratungsfelder/infrastruktur_dialogverfahren/PM_Nordlink-03-2011_final.pdf.

Statoil (2012): A major gas player. Selbstdarstellung von Statoil auf der offiziellen Homepage des Unternehmens. Stand: 2012. Online verfügbar unter http://www.statoil.com/en/OurOperations/Gas/Pages/ALeadingGasProducer.aspx.

Steffen, Christian (2006): Die Parteiensysteme Dänemarks, Norwegens und Schwedens. In: Niedermayer, Oskar; Stöss, Richard; Haas, Melanie (Hg.): Die Parteiensysteme Westeuropas. 1. Aufl. Wiesbaden: VS, Verl. für Sozialwiss, S. 67–108.

Stiftung Offshore-Windenergie (2012a): Die Berliner Vertretung der Stiftung Offshore-Windenergie. Selbstdarstellung der Stiftung Offshore-Windenergie auf der offiziellen Homepage der Stiftung. Stand: 2012. Online verfügbar unter http://www.offshore-stiftung.com/Offshore/ueber-uns/vertretung-berlin/150,79,60005,liste9.html.

Stiftung Offshore-Windenergie (2012b): Die Stiftung Offshore-Windenergie. Sprachrohr der Offshore-Windenergie in Deutschland. Selbstdarstellung der Stiftung Offshore-Windenergie auf der offiziellen Homepage der Stiftung. Stand: 2012. Online verfügbar unter http://www.offshore-stiftung.com/Offshore/ueber-uns/-/79,79,60005,liste9.html.

Stiftung Offshore-Windenergie (2012c): Lösungsvorschläge für die Netzanbindung von Offshore-Windparks der AG Beschleunigung Offshore-Netzanbindung. Stand: März 2012. Berlin. Online verfügbar unter http://www.offshore-stiftung.com/60005/Uploaded/KWeinhold|2012-03-21StiftungAGBeschleunLo776sungspapierEndversion.pdf.

Storting (2012a): Giske, Trond. Biografie des Ministers Trond Giske auf der offiziellen Homepage des norwegischen Parlaments. Stand: 2012. Online verfügbar unter http://www.stortinget.no/no/Representanter-og-komiteer/Representantene/Representantfordeling/Representant/?perid=TG.

Storting (2012b): Riis-Johansen, Terje. Biografie des Abgeordneten Terje Riis-Johansen auf der offiziellen Homepage des norwegischen Parlaments. Stand: 2012. Online verfügbar unter http://www.stortinget.no/no/Representanter-og-komiteer/Representantene/Representantfordeling/Representant/?perid=TRJ.

Stratmann, Klaus (19.04.2012): Energiewende endet an der Grenze. Ohne Hilfe aus dem Ausland ist der Umbau der Energieversorgung nicht zu meistern. In: Handelsblatt, Ausgabe 77, S. 12.

Stratmann, Klaus (13.08.2012): TenneT wird zum außenpolitischen Problemfall. Ein niederländischer Energiekonzern blockiert die deutsche Energiewende. In: Handelsblatt online. Online verfügbar unter http://www.handelsblatt.com/politik/deutschland/niederlaendisches-staatsunternehmen-tennet-wird-zum-aussenpolitischen-problemfall/6993482.html.

Tagesschau.de (10.11.2009): E.ON verkauft sein Stromnetz an TenneT. Niederländischer Betreiber zahlt 1,1 Milliarden Euro. Online verfügbar unter http://www.tagesschau.de/wirtschaft/eon120.html.

TenneT (26.05.2009): Report by the Board of Management. Major Changes. Stand: Mai 2009. Online verfügbar unter http://tennet.ireports.nl/en/report_by_the_board_of_management/major_changes.

TenneT (01.06.2010): TenneT / transpower kündigt zwei neue Seekabel nach Norwegen an. Pressemitteilung. Bayreuth. Online verfügbar unter http://www.tennettso.de/site/news/2010/TenneT--transpower-k%C3%BCnigt-2-neue-Seekabel-nach-Norwegen-an.html.

TenneT (28.07.2011): Präsentation des Unternehmens im Rahmen der Arbeitsgruppe „Offshore Netzanbindung" im Rahmen der Plattform für „Zukunftsfähige Energienetze" des BMWi. Am 28.07.2011 in Berlin. Im Archiv der Verfasserin.

TenneT (07.11.2011): „Brandbrief" der Geschäftsführung der TenneT GmbH an Bundesminister Norbert Röttgen. Im Archiv der Verfasserin.

TenneT (30.08.2012): TenneT-Zwischenabschluss zum 30. Juni 2012. Aktuelles. Bayreuth. Online verfügbar unter http://www.tennettso.de/site/news/2012/august/halbjahresbericht-2012.html.

Tippelt, Christian (31.03.2011): Stromverbindungen von und nach Norwegen werden erweitert. Milliardeninvestitionen geplant. Online verfügbar unter http://www.gtai.de/GTAI/Navigation/DE/Trade/maerkte,did=80116.html.

UBA (2010): Energieziel 2050. 100 % Strom aus erneuerbaren Quellen. Dessau-Roßlau. Online verfügbar unter http://www.umweltdaten.de/publikationen/fpdf-l/3997.pdf.

Vattenfall; Elia; ifm (12.03.2010): Elia und IFM übernehmen deutschen Übertragungsnetzbetreiber 50Hertz Transmission von Vattenfall. Pressemitteilung. Berlin. Online verfügbar unter http://www.50hertz.com/de/file/2010-03-11_Joint_press_release_DE_FINAL.pdf.

VDI (2010): Klimaschutz und Energiepolitik. Ziele und Handlungsbedarf für eine CO2-arme Energieversorgung und -nutzung in Deutschland. Düsseldorf.

VIK (2012): Der VIK - Aufgaben und Ziele. Selbstdarstellung des VIK auf der offiziellen Homepage des Verbandes. Stand: 2012. Essen. Online verfügbar unter http://vik.de/vik-3.html.

VIK (25.07.2012): VIK lehnt Änderungsvorschläge der EU-Kommission für das Emissionshandelssystem ab. Pressemitteilung. Essen. Online verfügbar unter http://vik.de/pressemitteilung/items/vik-lehnt-aenderungsvorschlaege-der-eu-kommission-fuer-das-emissionshandelssystem-ab.html.

VIK (15.08.2012): Entlastungen der Industrie im EEG unverzichtbar. Pressemitteilung. Essen. Online verfügbar unter http://vik.de/pressemitteilung/items/entlastungen-der-industrie-im-eeg-unverzichtbar.html.

Walgenbach, Peter; Meyer, Renate E (2008): Neoinstitutionalistische Organisationstheorie. Stuttgart: Kohlhammer.

Weltenergierat Deutschland (2012a): Energie für Deutschland 2012. Fakten, Perspektiven und Positionen im globalen Kontext. Berlin. Online verfügbar unter http://www.energiewende-richtig.de/download/file/fid/83#overlay-context=.

Weltenergierat Deutschland (2012b): Unsere Mitglieder. Selbstdarstellung des Weltenergierats Deutschland auf der offiziellen Homepage des Vereins. Stand: 2012. Online verfügbar unter http://www.worldenergy.org/dnk/ber_uns/mitglieder/default.asp.

Wessels, Wolfgang (2008): Das politische System der Europäischen Union. Wiesbaden: VS Verlag für Sozialwissenschaften.

Wiedemann, Karsten (2010a): Als erstes muss das Netz ausgebaut werden. Interview mit Oluf Ulseth (Statkraft). In: neue energie, H. 7, S. 36.

Wiedemann, Karsten (2010b): Einmal Fjord und zurück. Auf der Suche nach Speichern für Wind- und Sonnenstrom stehen die norwegischen Wasserreservoirs im Fokus. In: neue energie, H. 7, S. 32–38.

Windhoff-Héritier, Adrienne (1987): Policy-Analyse. Eine Einführung. Frankfurt/Main: Campus-Verl. (CampusStudium, 570).

Wolf, C. P. (1987): The NIMBY Syndrome. In: Annals of the New York Academy of Sciences, Jg. 502, H. 1, S. 216–229.

Wolff, Reinhard (08.05.2012): Norwegen verklappt Klimagase. Im hohen Norden Europas wird mit viel Pomp eine Anlage eröffnet, die CO2 aus Kraftwerksabgasen filtert. In: taz, Ausgabe 9796, S. 8.

Zafonte, Matthew; Sabatier, Paul A. (1998): Shared Beliefs and Imposed Interdependencies as Determinants of Ally Networks in Overlapping Subsystems. In: Journal of Theoretical Politics, Jg. 10, H. 4, S. 473–505.

Zahoransky, Richard; Allelein, Hans-Josef (Hg.) (2010): Energietechnik. Systeme zur Energieumwandlung. Kompaktwissen für Studium und Beruf. 5. Aufl. Wiesbaden: Vieweg + Teubner.

ZfK (2011): 100% Erneuerbare nicht umsetzbar. VDI-Experte widerspricht Umweltrat-Perspektiven bis 2050 nachdrücklich. In: ZfK - Zeitung für Kommunale Wirtschaft, Jg. 55, Ausgabe 6, 2011, S. 2.

ZfK (2012a): Abschaltungen von Windrädern steigen. Netzbetreiber nutzen die Chance zum Einspeisemanagement. In: ZfK - Zeitung für Kommunale Wirtschaft, Jg. 57, Ausgabe 1, 2012, S. 26.

ZfK (2012b): Norwegen mit Europa verbinden. Gespräche über großes Kabelprojekt. In: ZfK - Zeitung für Kommunale Wirtschaft, Jg. 57, Ausgabe 3, 2012, S. 6.

Zimmermann, Jörg-Rainer (2011): Fairness fürs Netz. Immer öfter werden Windmühlen gedrosselt, weil es Engpässe im Verteilnetz gibt. In: neue energie, H. 3, S. 54–56.

Zimmermann, Jörg-Rainer (2012): Trouble im TenneT-Land. Der holländische Netzbetreiber steckt in der Klemme. In: neue energie, H. 6, S. 43–47.

II. Rechtsquellen BRD

ARegV - Verordnung über die Anreizregulierung der Energieversorgungsnetze. Anreizregulierungsverordnung vom 29. Oktober 2007 (BGBl. I S. 2529). Zuletzt geändert durch Artikel 2 des Gesetzes vom 22. Dezember 2011 (BGBl. I S. 3034, 2012 I 131).

AtG - Gesetz über die friedliche Verwendung der Kernenergie und den Schutz gegen ihre Gefahren. Atomgesetz vom 15. Juli 1985 (BGBl. I S. 1565). Zuletzt geändert durch Artikel 5 Absatz 6 des Gesetzes vom 24. Februar 2012 (BGBl. I S. 212).

BNatSchG - Gesetz über die friedliche Verwendung der Kernenergie und den Schutz gegen ihre Gefahren. Atomgesetz vom 15. Juli 1985 (BGBl. I S. 1565). Zuletzt geändert durch Artikel 5 Absatz 6 des Gesetzes vom 24. Februar 2012 (BGBl. I S. 212).

EEG - Gesetz für den Vorrang Erneuerbarer Energien. Erneuerbare-Energien-Gesetz vom 25. Oktober 2008 (BGBl. I S. 2074). Zuletzt geändert durch Artikel 2 Absatz 69 des Gesetzes vom 22. Dezember 2011 (BGBl. I S. 3044).

EnLAG - Gesetz zum Ausbau der Energieleitungen. Energieleitungsausbaugesetz vom 21. August 2009 (BGBl. I S. 2870). Zuletzt geändert durch Artikel 5 des Gesetzes vom 7. März 2011 (BGBl. I S. 338).

EnWG - Gesetz über die Elektrizitäts- und Gasversorgung. Energiewirtschaftsgesetz vom 7. Juli 2005 (BGBl. I S. 1970, 3621). Zuletzt geändert durch Artikel 2 des Gesetzes vom 16. Januar 2012 (BGBl. I S. 74).

KraftNAV - Verordnung zur Regelung des Netzanschlusses von Anlagen zur Erzeugung von elektrischer Energie. Kraftwerks-Netzanschlussverordnung vom 26. Juni 2007 (BGBl. I S. 1187).

NABEG - Netzausbaubeschleunigungsgesetz Übertragungsnetz vom 28. Juli 2011 (BGBl. I S. 1690).

UIG - Umweltinformationsgesetz vom 22. Dezember 2004 (BGBl. I S. 3704).

III. Rechtsquellen Europäische Union

92/43/EWG - Richtlinie 1992/43/EWG des Rates vom 21. Mai 1992 zur Erhaltung der natürlichen Lebensräume sowie der wildlebenden Tiere und Pflanzen (ABl. L 206 vom 22.07.1992, S. 7).

2001/77/EG - Richtlinie 2001/77/EG des europäischen Parlaments und des Rates vom 27. September 2001 zur Förderung der Stromerzeugung aus erneuerbaren Energiequellen im Elektrizitätsbinnenmarkt (ABl. L 283/33 vom 27.10.2001).

2003/54/EG - Richtlinie 2003/54/EG des europäischen Parlaments und des Rates vom 26. Juni 2003 über gemeinsame Vorschriften für den Elektrizitätsbinnenmarkt und zur Aufhebung der Richtlinie 96/92/EG (ABl. L 176/37 vom 15.07.2003).

1228/2003 (EG) - Verordnung (EG) Nr. 1228/2003 des europäischen Parlaments und des Rates vom 26. Juni 2003 über die Netzzugangsbedingungen für den grenzüberschreitenden Stromhandel (ABl. L 176 vom 15.07.2003, S. 1).

2009/28/EG - Richtlinie 2009/28/EG des europäischen Parlaments und des Rates vom 23. April 2009 zur Förderung der Nutzung von Energie aus erneuerbaren Quellen und zur Änderung und anschließen-den Aufhebung der Richtlinien 2001/77/EG und 2003/30/EG (ABl. L 140/16 vom 05.06.2009).

714/2009 (EG) - Verordnung (EG) Nr. 714/2009 des europäischen Parlaments und des Rates vom 13. Juli 2009 über die Netzzugangsbedingungen für den grenzüberschreitenden Stromhandel und zur Aufhebung der Verordnung 1228/2003/EG (ABl. L 211/15 vom 14.08.2009).

2009/72/EG - Richtlinie 2009/72/EG des europäischen Parlaments und des Rates vom 13. Juli 2009 über gemeinsame Vorschriften für den Elektrizitätsbinnenmarkt und zur Aufhebung der Richtlinie 2003/54/EG (ABl. L 211/55 vom 14.08.2009).

2009/174/EG - Richtlinie 2009/147/EG des Europäischen Parlaments und des Rates vom 30. November 2009 über die Erhaltung wildlebender Vogelarten (kodifizierte Fassung) (ABl. L 20/7 vom 26.01.2010).

2010/C83/01 - Konsolidierte Fassungen des Vertrags über die Europäische Union und des Vertrags über die Arbeitsweise der Europäischen Union (ABl. C 38/01 vom 30.03.2010).

IV. Interviews

Mitarbeiter BMU 10.07.2012 mdl.: Interview mit einem Mitarbeiter in leitender Position (BMU) am 10.07.2012 in Berlin.

Hansen 31.07.2012 mdl.: Interview mit Dr. Frank-Peter Hansen (BNetzA, Vorsitzender der IV. Beschlusskammer) am 31.07.2012, telefonisch.

Kuxenko 20.08.2012 mdl.: Interview mit Dr. Michael Kuxenko (CDU/ CSU-Fraktion im Deutschen Bundestag, Arbeitsgruppe Wirtschaft und Technologie, Referent) am 20.08.2012, telefonisch.

Mitarbeiter TenneT 10.08.2012 mdl.: Interview mit einem Mitarbeiter der Externen Kommunikation (TenneT Deutschland) am 10.08.2012, telefonisch.

Lindberg 13.09.2012 mdl.: Interview mit Marie Lindberg (ZERO, Referentin für Energie) am 13.09.2012, schriftlich.

Stengel 19.07.2012 mdl.: Interview mit Andrea Stengel (Energi Norge, Referentin für Europäische Beziehungen) am 19.07.2012, schriftlich.

ECOLOGICAL ENERGY POLICY - EEP

Edited by Prof. Dr. Danyel Reiche

ISSN 1864-5860

1 *Dagmar Sibyl Steuwer*
Der Europäische Emissionshandel und die Rolle der Europäischen Kommission
Eine akteurszentrierte Analyse zur Untersuchung eines Policy Wandels
Mit einem Vorwort von Lutz Mez
ISBN 978-3-89821-793-4

2 *Katharina Istel*
Förderung erneuerbarer Energien im Bundesland Nordrhein-Westfalen
Eine politikwissenschaftliche Analyse der Auswirkungen des Regierungswechsels nach den Landtagswahlen 2005
Mit einem Vorwort von Manfred Fischedick
ISBN 978-3-89821-789-7

3 *Xin Nina Zheng*
Understanding the Paradoxes in China's Energy Efficiency Trends
Comparative Energy Analysis in the Global and National Context
With a foreword by Nathan E. Hultman
ISBN 978-3-89821-836-8

4 *Angela Choe*
Energy Assistance to North Korea
Options to be Considered Immediately by the Six Parties and Beyond
With a foreword by Robert L. Gallucci
ISBN 978-3-89821-838-2

5 *Matthias Corbach*
Die deutsche Stromwirtschaft und der Emissionshandel
Mit einem Vorwort von Thomas Leif
ISBN 978-3-89821-816-0

6 *Christian Schossig*
Erneuerbare Energien in den US-Bundesstaaten
Eine vergleichende Fallstudie der Förderpolitiken von Kalifornien und Texas
Mit einem Vorwort von Miranda Schreurs
ISBN 978-3-89821-844-3

7 *Paul Mußler*
Standortfaktoren für den Ausbau der Photovoltaik in Bayern
Eine Analyse der politischen Steuerungsinstrumente im Mehrebenensystem
Mit einem Vorwort von Hans-Josef Fell
ISBN 978-3-89821-881-8

8 *Iwona Podrygala*
Erneuerbare Energien im polnischen Stromsektor
Analyse der Entstehung und Ausgestaltung der Instrumente zur Förderung der Stromerzeugung aus erneuerbaren Energien
Mit einem Vorwort von Grzegorz Wiśniewski
ISBN 978-3-89821-837-5

9 *Marie-Christine Gröne*
Erneuerbare Energien in Indien
Möglichkeiten, Grenzen und Zukunftsperspektiven für deutsche Unternehmen
ISBN 978-3-8382-0008-8

10 *Mischa Bechberger*
Erneuerbare Energien in Spanien
Erfolgsbedingungen und Restriktionen
Mit einem Geleitwort von Udo Simonis
ISBN 978-3-89821-952-5

11 *Daniel Vallentin*
Coal-to-Liquids (CtL): Driving Forces and Barriers – Synergies and Conflicts from an Energy and Climate Policy Perspective
Including Country Studies on the United States, China and Germany
and a Foreword by Peter Hennicke
ISBN 978-3-89821-998-3

12 *Steffen B. Dagger*
Energiepolitik & Lobbying
Die Novellierung des Erneuerbare-Energien-Gesetzes (EEG) 2009
ISBN 978-3-8382-0057-6

13 *Johannes Venjakob*
Qualitativ-narrative Szenarios für die langfristige Entwicklung des polnischen Energiesektors
Eine energiegeographische Untersuchung
ISBN 978-3-8382-0354-6

14 *Sabine Reichert*
Erneuerbare Energie quer durch die Nordsee?
Akteurs- und Interessenkonstellationen der geplanten Interkonnektoren NorGer und Nord.Link zwischen Deutschland und Norwegen
Mit einem Geleitwort von Christian Hey
ISBN 978-3-8382-0508-3

Sie haben die Wahl:

Bestellen Sie die Schriftenreihe
Ecological Energy Policy
einzeln oder im **Abonnement**

per E-Mail: vertrieb@ibidem-verlag.de |per Fax (0511/262 2201)
als Brief (*ibidem*-Verlag | Leuschnerstr. 40 | 30457 Hannover)

Bestellformular

❒ Ich abonniere die Schriftenreihe *Ecological Energy Policy* ab Band # ____

❒ Ich bestelle die folgenden Bände der Schriftenreihe *Ecological Energy Policy*
____; ____; ____; ____; ____; ____; ____; ____; ____; ____

Lieferanschrift:

Vorname, Name ....

Anschrift ....

E-Mail.. | Tel.:..

Datum .... | Unterschrift ....

Ihre Abonnement-Vorteile im Überblick:

- Sie erhalten jedes Buch der Schriftenreihe pünktlich zum Erscheinungstermin – immer aktuell, ohne weitere Bestellung durch Sie.
- Das Abonnement ist jederzeit kündbar.
- Die Lieferung ist innerhalb Deutschlands versandkostenfrei.
- Bei Nichtgefallen können Sie jedes Buch innerhalb von 14 Tagen an uns zurücksenden.

***ibidem*-Verlag**

Melchiorstr. 15

D-70439 Stuttgart

info@ibidem-verlag.de

www.ibidem-verlag.de
www.ibidem.eu
www.edition-noema.de
www.autorenbetreuung.de

Zeitfracht Medien GmbH
Ferdinand-Jühlke-Straße 7
99095 Erfurt, Deutschland
produktsicherheit@kolibri360.de